四特 教育系列丛书 SITEJIAOYUXILIECONGSHU

锻炼学生表达力的智力游戏策划

萧 枫　姜忠喆◎主编

特约主编：庄文中　龚 玲
主　　编：萧 枫　姜忠喆
编　　委：孟迎红　郑晶华　李 菁　王晶晶　金 燕
刘立伟　李大宇　赵志艳　王 冲
王锦华　王淑萍　朱丽娟　刘 爽
陈元慧　王 平　张丽红　张 锐
侯秋燕　齐淑华　韩俊范　冯健男
张顺利　吴 姗　穆洪泽
左玉河　李书源　李长胜　温 超
范淑清　任 伟　张寄忠　高亚南
王钱理　李 彤

“四特”教育系列丛书

吉林出版集团有限责任公司

图书在版编目(CIP)数据

锻炼学生表达力的智力游戏策划/《“四特”教育系列丛书》编委会编著. --长春:吉林出版集团有限责任公司, 2012.4

(“四特”教育系列丛书/庄文中等主编. 学校体育竞赛与智力游戏活动策划)

ISBN 978-7-5463-8625-6

Ⅰ. ①锻… Ⅱ. ①四… Ⅲ. ①智力游戏-青年读物②智力游戏-少年读物 Ⅳ. ①G898.2

中国版本图书馆CIP数据核字(2012)第041993号

锻炼学生表达力的智力游戏策划

责任编辑 孟迎红
责任校对 赵 霞
开 本 690mm×960mm 1/16
字 数 250千字
印 张 13
版 次 2012年4月第1版
印 次 2018年2月第1版第2次印刷
出 版 吉林出版集团股份有限公司
发 行 吉林音像出版社有限责任公司
吉林北方卡通漫画有限责任公司
地 址 长春市泰来街1825号
邮 编:130062
电 话 总编办:0431-86012906
发行科:0431-86012770
印 刷 北京龙跃印务有限公司

ISBN 978-7-5463-8625-6 定价:39.80元

前 言

学校教育是个人一生中所受教育的最重要组成部分，个人在学校里接受计划性的指导，系统地学习文化知识、社会规范、道德准则和价值观念。学校教育从某种意义上讲，决定着个人社会化的水平和性质，是个体社会化的重要基地。知识经济时代要求社会尊师重教，学校教育越来越受重视，在社会中起到举足轻重的作用。

“四特教育系列丛书”以“特定对象、特别对待、特殊方法、特例分析”为宗旨，立足学校教育与管理，理论结合实践，集多位教育界专家、学者以及一线校长、老师们的教育成果与经验于一体，围绕困扰学校、领导、教师、学生的教育难题，集思广益，多方借鉴，力求全面彻底解决。

本辑为“四特教育系列丛书”之《学校体育竞赛与智力游戏活动策划》。

学校体育运动会是学校教育教学工作的一个重要组成部分，是体育活动中的一个重要内容。它不仅可以增强学生的体质，同时，也可以增强自身的意志和毅力，并在思想品质的教育上，发挥不可替代的作用。学校通过举办体育运动会，对推动学校体育的开展，检查学校的体育教学工作，提高体育教学、体育锻炼与课余体育训练质量和进行学校精神文明建设等都具有重要的意义。本书旨在普及体育运动的知识，充分调动广大青少年学生参与体育活动的积极性，内容包括学校体育运动会各个单项的竞赛与裁判知识等内容，具有很强的系统性、实用性、实践性和指导性，

将智力和游戏结合起来，通过游戏活动达到大脑锻炼的目的，是恢复疲劳、增强脑力、重塑脑功能结构的主要方式，是智力培养的重要措施。

青少年的大脑正处于发育阶段，具有很大的塑造性，通过智力游戏活动，能够培养和开发大脑的智能。特别是广大青少年都具有巨大的学习压力，智力游戏活动则能够使他们在轻松愉快的情况下，既完成繁重的学业任务，又能提高智商和情商水平，可以说是真正的素质教育。为了使广大青少年在玩中学习，在乐中提高，我们根据青少年的生理、心理特点，特别编写这套书。我们采用做游戏、讲故事等方法，让广大青少年思考问题，解决难题，并在玩乐的过程中，循序渐进地提高智商和开发智力，达到学习与娱乐双丰收的效果。

本辑共20分册，具体内容如下：

1.《团体球类运动竞赛》

学校体育运动的目的是调动学生活动的兴趣，提高学生参加体育运动和各种活动的积极性和参与率，让学生在运动中才能体会到参与的快乐。本书就学校团体球类运动的竞赛与裁判问题进行了系统而深入的阐述，使学生掌握组织团体球类竞赛的方法体例科学，内容全面，具有很强的系统性、实用性、实践性和指导性。

2.《小型球类运动竞赛》

小型球类运动竞赛包括排球、羽毛球和乒乓球等比赛。学校体育运动的目的是调动学生活动的兴趣,提高学生参加体育运动和各种活动的积极性和参与率,让学生在运动中才能体会到参与的快乐。小型球类运动竞赛包括排球、羽毛球和乒乓球等比赛。本书就学校个人球类运动的竞赛与裁判问题进行了系统而深入的阐述,体例科学,内容全面,具有很强的系统性、实用性、实践性和指导性。

3.《跑走跨类田径竞赛》

学校体育运动的目的是调动学生活动的兴趣,提高学生参加体育运动和各种活动的积极性和参与率,让学生在运动中才能体会到参与的快乐。跑走跨类田径竞赛包括长短跑、跨栏跑和竞走等项目比赛。本书就学校跑走跨类田径运动的竞赛与裁判问题进行了系统而深入的阐述,体例科学,内容全面,具有很强的系统性、实用性、实践性和指导性。

4.《跳跃投掷类田径竞赛》

长期来,在技术较为复杂的非周期性田径项目的教学中,一般都采用以分解为主的教学法。这种教学法,教学手段繁琐,教学过程复杂,容易产生技术的割裂和停顿现象,特别是与现代跳跃和投掷技术的快速和连贯性有着明显的矛盾。因此,它对当前进一步提高教学质量产生十分不利的影响。本书就学校跳跃投掷类田径运动的竞赛与裁判问题进行了系统而深入的阐述,体例科学,内容全面,具有很强的系统性、实用性、实践性和指导性。

5.《体操运动竞赛》

竞技性体操包括竞技体操、艺术体操、健美操、技巧、蹦床五项运动。其中,竞技体操男子项目有自由体操、鞍马、吊环、跳马、双杠、单杠六项,女子项目有跳马、高低杠、平衡木、自由体操四项。本书就学校竞技体操运动的竞赛与裁判问题进行了系统而深入的阐述,体例科学,内容全面,具有很强的系统性、实用性、实践性和指导性。

6.《趣味球类竞赛》

学校体育运动的目的是调动学生活动的兴趣,提高学生参加体育运动和各种活动的积极性和参与率,让学生在运动中才能体会到参与的快乐。本书就学校趣味球类竞赛项目运动的竞赛与裁判问题进行了系统而深入的阐述,体例科学,内容全面,具有很强的系统性、实用性、实践性和指导性。

7.《水上运动竞赛》

水上运动包含五个项目:游泳,帆船,赛艇,皮划艇,水球。本书就学校水上运动的竞赛与裁判问题进行了系统而深入的阐述,体例科学,内容全面,具有很强的系统性、实用性、实践性和指导性。

8.《室内外运动竞赛》

室内运动栏目包括瑜伽、拉丁、肚皮舞、普拉提、健美操、踏板操、舍宾、跆拳道等,户外运动栏目包括攀岩登山,动感单车,潜水游泳,球类运动等。本书就学校室内外运动的竞赛与裁判问题进行了系统而深入的阐述,体例科学,内容全面,具有很强的系统性、实用性、实践性和指导性。

9.《冰雪运动竞赛》

冰雪运动主要包括冬季运动和轮滑运动训练、竞赛、医疗、科研、教学、健身、运动器材、冰雪旅游等。本书就学校冰雪运动的竞赛与裁判问题进行了系统而深入的阐述,体例科学,内容全面,具有很强的系统性、实用性、实践性和指导性。

10.《趣味运动竞赛》

趣味运动,是民间游戏的全新演绎,是集思广益的智慧创造,它的样式不同,内容各异。趣味运动会将"趣味"融于"团队"中,注重个人的奉献与集体的协作。随着中国经济文化的迅速发展,人们精神文化生活的丰富,趣味体育也有了更广阔的发展,成为一种新的时尚。本书就学校趣味运动的竞赛与裁判问题进行了系统而深入的阐述,体例科学,内容全面,具有很强的系统性、实用性、实践性和指导性。

11.《锻炼学生观察力的智力游戏策划》

发展观察力的游戏有"目测"、"寻找"、"发现"等。这些游戏可帮助学生加强观察的目的性、计划性,扩大观察范围,使孩子能更多、更清楚地感知事物。本书对锻炼学生观察力的智力游戏项目策划进行了系统而深入的阐述,体例科学,内容全面,具有很强的系统性、实用性、实践性和指导性。

12.《锻炼学生注意力的智力游戏策划》

注意力是儿童普遍存在的问题。他们在听课、做作业、看书、活动等事情上,往往不能集中注意力,也没有耐性。在人们的生活、学习和工作过程中,注意力起着非常重要的作用。有位教育专家说:注意力是学习的窗口,没有它,知识的阳光就照射不进来。本书对锻炼学生注意力的智力游戏项目策划进行了系统而深入的阐述,体例科学,内容全面,具有很强的系统性、实用性、实践性和指导性。

13.《锻炼学生记忆力的智力游戏策划》

记忆力游戏是一种主要依赖于个人记忆力来完成的单人或团体游戏。这类游戏的形式无论是现实或网络中都是非常多的,能否胜出本质上取决于个人的记忆力强弱,这也是一种心理学游戏。本书对锻炼学生记忆力的智力游戏项目策划进行了系统而深入的阐述,体例科学,内容全面,具有很强的系统性、实用性、实践性和指导性。

14.《锻炼学生思维力的智力游戏策划》

这是一本不可思议的挑战人类思维的奇书,全世界聪明人都在做。在这本书里,你会找到极其复杂的,也是非常简单的推理问题,让人迷惑不解的图形难题,需要横向思维的难题和由词语、数字组成的纵横字谜,以及大量的包含图片、词语或数字,或者三者兼有的难题,令你绞尽脑汁,晕头转向!现在,你需要的是一支铅笔和一个安静的角落,请尽情享受解题的乐趣吧!

15.《锻炼学生想象力的智力游戏策划》

学校的智力游戏活动主要是锻炼学生认识、理解客观事物并运用知识、经验等解决问题的能力,它是直接为学生提高学习能力而服务的,也是学生学习知识的实践运用,它不仅具有趣味性,更具有娱乐性。本书对锻炼学生想象力的智力游戏项目策划进行了系统而深入的阐述，体例科学，内容全面，具有很强的系统性、实用性、实践性和指导性。

16.《锻炼学生表达力的智力游戏策划》

语言表达能力是现代人才必备的基本素质之一。在现代社会，由于经济的迅猛发展，人们之间的交往日益频繁，语言表达能力的重要性也日益增强，好口才越来越被认为是现代人所应具有的必备能力。本书从大量的益智游戏中精选了一些能提高青少年记忆力的思维游戏，为广大读者提供一个检视自身思维结构，全面解码知识、融通知识、锻炼思维的自我训练平台。

17.《锻炼学生学习力的智力游戏策划》

学校的智力游戏活动主要是锻炼学生认识、理解客观事物并运用知识、经验等解决问题的能力，它是直接为学生提高学习能力而服务的，也是学生学习知识的实践运用，它不仅具有趣味性，更具有娱乐性。本书对锻炼学生学习力的智力游戏项目策划进行了系统而深入的阐述，在游戏中培养孩子的学习能力。体例科学，内容全面，具有很强的系统性、实用性、实践性和指导性。

18.《锻炼学生空间力的智力游戏策划》

学校的智力游戏活动主要是锻炼学生认识、理解客观事物并运用知识、经验等解决问题的能力，它是直接为学生提高学习能力而服务的，也是学生学习知识的实践运用，它不仅具有趣味性，更具有娱乐性。本书对锻炼学生空间力的智力游戏项目策划进行了系统而深入的阐述，体例科学，内容全面，具有很强的系统性、实用性、实践性和指导性。

19.《锻炼学生实践力的智力游戏策划》

社会实践即通常意义上的假期实习，对于在校大学生具有加深对本专业的了解、确认适合的职业、为向职场过渡做准备、增强就业竞争优势等多方面意义。也有些学生希望趁暑假打份零工，积攒一份私房钱。本书对社会锻炼学生实践力的智力游戏项目策划进行了系统而深入的阐述，体例科学，内容全面，具有很强的系统性、实用性、实践性和指导性。

20.《锻炼学生创造力的智力游戏策划》

本书对创造能力的培养进行研究，包括创造力的认识误区、创造力生成的基本理论、创造力的提升、管理者应具备的技能等，同时针对学生设计的游戏形式来进行创造力的训练。其实，想要激发孩子的创造力，你不必在家里放上昂贵的玩具和娱乐设施。一些简单的活动，比如和宝宝玩拍手游戏，或者和孩子一起编故事，所有这些都能让孩子进入有创意的世界。本书对锻炼学生创造力的智力游戏项目策划进行了系统而深入的阐述，体例科学，内容全面，具有很强的系统性、实用性、实践性和指导性。

由于时间、经验的关系，本书在编写等方面，必定存在不足和错误之处，衷心希望各界读者、一线教师及教育界人士批评指正。

编者

目　录

第一章

学生表达力的锻炼指导

1. 什么叫表达力

用外部的行为（语言、神态、身段等）把思想表达出来能力就是表达力。表达力是表达一个思想的过程，在这个过程中，首先要计划好通过表达达到什么目的。其次要围绕目的在头脑中构思表达的内容。最后再把构思的内容变成对方能理解的外部的行为（语言、神态、身段等）。

在人的一生中，从呀呀学语开始，经历幼儿期、儿童期、少年期、青年期、中年期、壮年期、老年期等各个阶段，不论是一般的生活琐事，还是在工作职场上，都必须借助语言来完成沟通，通过语言沟通来建立各种不同的人际关系。

语言是人与人之间传递消息或表达思想的媒介，是具有意义的声音和符号，是人们用以表达思想和传递感情的最重要的消息工具，在人类的历史上，正是因为拥有语言，才使得人类能够保留经验传承文化。

语言表达能力是一个人综合能力的反映，从中可以看出他的知识、才能、阅历和修养，不管他（处事）严谨还是做事马虎，不管他思维敏捷、条理清楚，还是思想懒散不求上进，都可以从他的语言中看出来，从他说话的内容和方式中，你可以看出他读了哪些书，掌握了那些思想，你可以看出他的择友之道，你可以看清他的思想轨迹、生活习惯，也可以知道他的所作所为和生活阅历，可以说，语言表达囊括了一个人的一切。

不管你过着什么样的生活，掌握了多少知识，取得了多少业绩，都可以从语言表达中得到反映，所以在现实社会中，我们不得不承认，语言表达能力较强的人，社会地位较高，也会受到较高的推崇，很多人士的成就，在相当大的程度上应该归功于善于表达，大家都知道，在人际交往中，第一印象是非常重要的，而拥有良好的语言表达能力，则能给别人留下深刻的第一印象，优雅的谈吐不仅可以使自己广受欢迎，而且有助于事业的成功，想要获得成功，你首先要掌握驾驭语言的能力，不论你今后从事于哪种职业，你每天都要进行沟通和交谈，也就必然需要运用语言，特别是渴望建功立业的人，更应该掌握谈话的技巧，提高驾驭语言的能力，在各种场合，都能够做到从容不迫，应付自如，如果你想让别人对自己感兴趣，那么你首先需要通过语言把自己的“主题”表达出来，所以，不论你从事任何行业，只要提高了自我表达能力，都会使你受益无穷。

表达能力的运用，在于沟通人与人的关系，在双方的相互适应中，彼此得到更好的发展，事实上，表达能力的运用，只要达到尽心感情、态度、及行为等目的的沟通，就可以说已经取得了你所需要的沟通效果。

2. 表达力的重要性

表达能力是现代人才必备的基本素质之一。在现代社会，由于经济的迅猛发展，人们之间的交往日益频繁，表达能力的重要性也日益增强，好口才越来越被认为是现代人所应具有的必备能力。

作为现代人，我们不仅要有新的思想和见解，还要在别人面前很好地表达出来；不仅要用自己的行为对社会做贡献，还要用自己的语言去感染、说服别人。

就职业而言，现代社会从事各行各业的人都需要口才：对政治家和外交家来说，口齿伶俐、能言善辩是基本的素质，商业工作者推销商品、招来顾客，企业家经营管理企业，这都需要口才。在人们的日常交往中，具有口才天赋的人能把平淡的话题讲得非常吸引人，而口笨嘴拙的人就算他讲的话题内容很好，人们听起来也是索然无味。有些建议，口才好的人一说就通过了，而口才不好的人即使说很多次还是无法获得通过。

美国医药学会的前会长大卫·奥门博士曾经说过，我们应该尽力培养出一种能力，让别人能够进入我们的脑海和心灵，能够在别人面前、在人群当中、在大众之前清晰地把自己的思想和意念传递给别人。在我们这样努力去做而不断进步时，便会发觉：真正的自我正在人们心目中塑造一种前所未有的形象，产生前所未有的震击。

总之，语言能力是我们提高素质、开发潜力的主要途径，是我们驾驭人生、改造生活、追求事业成功的无价之宝，是通往成功之路的必要途径。

3. 表达应具备的能力

要想提高自己的表达力，成为语商很高的语言天才，还应具有以下六大能力。

（1）听的能力

听是说的基础。要想会说，建立你养成爱听、多听、会听的好习惯，如多听新闻、听演讲、听别人说话等，这样你就可以获取大量、丰富的信息。这些信息经过大脑的整合、提炼，就会形成语言智慧的丰富源泉。培养听的能力，为培养说的能力打下坚实的基础。

（2）看的能力

多看可以为多说提供素材和示范。你可以看电影、书报、电视中语言交谈多的节目，还可以看现实生活中各种生动而感人的场景。这些方式一方面可以陶冶情操、丰富文化生活，另一方面又可以让你学习其他人的说话方式、技巧和内容。特别是那些影视、戏剧、书报中人物的对话，它们源于生活、高于生活，可以为你学习说话提供范例。

（3）背的能力

背诵不但可以强化记忆，还能训练你形成良好的语感。不妨建议你尝试着多背诗词、格言、谚语等，它们的内涵丰富、文字优美。如果你背的多了，不仅会在情感上受到陶冶、熏陶，还可以慢慢形成自己独特而生动的语言。

（4）想的能力

想是让思维条理化的必由之路。在现实生活中，很多时候我们不是不会说，而是不会想，想不明白也就说不清楚。在说一件事、介绍一个人之前，建议你认真想想事情发生的时间、地点和经过，想一想人物的外貌、特征等。有了比较条理化的思维，你才会让自己的语言更加条理化。

(5) **编的能力**

会编善说是想像力丰富、创造力强的标志。建议你养成善于编写的好习惯，这对提高你的语言思考和说话能力有着积极的作用。

(6) **说的能力**

说是语言表达能力的最高体现。只有多说，你的语商能力才会迅速提高。在说话时，要尽量简洁、明白，通俗易懂。

要使说话简短，就要学会浓缩。浓缩就是语言的提炼，浓缩的语言是语言的精华。

几百年前，一位聪明的老国王召集一群聪明的臣子，交待了一个任务：“我要你们编一本《智慧录》，好流传给子孙。”

这群聪明人离开老国王以后，便开始了艰苦的工作。他们用了很长一段时间，最终完成了一部十二卷的巨著。他们将《智慧录》交给老国王看，他看了后说：“各位大臣，我深信这是各时代的智慧结晶。但是它太厚了，我担心没有人会去读完它，再把它浓缩一下吧！”这群聪明人又经过长期的努力工作，删减了很多内容，最后完成了一卷书。可老国王依然认为太长了，命令他们继续浓缩。

这群聪明人把一本书浓缩为一章、一页、一段，最后浓缩成一句话。当老国王看到这句话时很高兴，说：“各位大臣，这才是各时代的智慧结晶。各地的人只要知道这个真理，我们一直担心的大部分问题就可以顺利解决了。”

这句经典的话就是：“天下没有免费的午餐。”

这句话告诫人们：即使是满足自身生存的最基本需要，也必须自己去做；即使你的祖辈、父辈能为你提供丰厚的物质基础，也需要自己去做。否则，你就只能坐吃山空。

4. 表达应遵循的原则

要想迅速而高效的拓展你的表达能力，必须遵循“四要四不要”的原则。

(1) 要实在，不要花言巧语

说话和办事一样，都讲究实在，不要一味追求使用华丽的词藻来装饰，更不要哗众取宠。

(2) 要通俗，不要故作姿态

说话要避免深奥，尽量使用大众化的语言，像俗语、歇后语、幽默笑话等，这样，你办起事来可能会事半功倍。

(3) 要简明，不要模糊不清

说话要简明扼要、条理清楚，不要长篇大论、言之无物，这样，别人会听不懂你说的话。

(4) 要谦虚，不要“摆架子”

假如你在言语中有“摆架子”的表现，倾听的人会十分反感。这样，你不但达不到说话的目的，还会影响听话人的情绪。希望你能牢记：谦虚是说话人的美德。

以上四点是从整体的语言表达上归纳出来的关于说话的一些通用方法，它们对拓展你的表达力是很有帮助的。

5. 表达需要注意的策略

为了提高自己的表达能力，在语言的运用上，你需要注意以下几项重要策略：

（1）要诚实热情

时刻提醒自己在表达时让对方知道你的热心和诚意，诚意是指说话内容，热心即是语言上的表达，还需要注意对他人的尊重和说话的礼貌，以及言行一致，同时需要真诚的为对方着想。

（2）注意环境语言

也就是注意适合说话的情景，所谓适合情景，就是要求语言运用与所处的环境相吻合，只有语言与环境吻合了，你所说的话才能获得良好的效果，并达到预期的目的，这里所说的语言环境，是指说话时所处的现实环境或具体情况，包括外在环境所处地方、时间、场合，以及内在环境，对方的内心状态及情绪等等。

（3）要小心使用语言的附加意义

在语言的运用上，必须注意各种不同文化背景的语言差异，否则容易造成误解，使沟通中断，形成不良的沟通。

（4）尽量使用平实的中性的语言

你在进行表达时，要实事求是，简洁明了的叙述事实，剖析理论，应该避免华而不实和过度的夸饰，同时，尽量使用中性词语，避免使用情绪化的词语。

简单来说，在提高语言表达能力的具体操作上，有两个基本技巧，一个是怎样把话说清楚，另一个是怎样把话说恰当，在沟通时，必须注意让对方感受到你的热心和诚意，在说话时必须注意所处的现实环境和具体情况，也必须注意各种不同文化背景的语言差异，以免造成误解。

因此，要想有效表达自己的意见，必须注意说话的方式，清楚地表达语义，并随着不同的情景、场合及对象，机巧性的运用各种策略，适当的把自己意愿表达出来。

在培养怎样把话说清楚这一能力时，首先要注意储备有效词汇，词汇的运用，是我们表达自我意愿的关键，词汇认识的越少，沟通的困难越大，词汇认识的越多，沟通的正确性就越高，你需要花费一些时间和精力，研究修词，尤其相同意思的不同表达，使自己的用词更丰富，谈吐更优雅，还要尽力增加自己的词汇量，随时翻阅工具书，注重平时的积累，这本身也是一个自我教育的过程，对自己的成长是很有帮助的。

如果你词汇量少得可怜，思想贫乏，阅历有限，是无法做到口才出众谈吐优雅的。另外，在你向对方表达时，还要注重时间，任何事情都会随着时间而改变，正确信息很有可能已经不正确，为了符合事先推论，你应该考虑你所表达的事情、地点、人物信息在现阶段是否真实，以提高你表达信息的正确性、有效性。

把话说得恰当也是提高表达能力的重要因素，想要把话说恰当，首先要注意正式语言与非正式语言的区别，在我们日常使用的语言当中，需要根据情景与对象的不同，而区别使用正式语言与非正式语言，如果不正确区别使用，就会在沟通上造成极大的障碍，就一般情景而言，除了特定的人和团体之外，其他的语言应该介于正式与非正式之间，其次，应该避免使用术语和不必要的专用名词，你所进行沟通的对象，经常是具有不同背景或不同兴趣的人，针对这些对象，你应该运用对方能理解的语言，避免使用太多专业术语或专用名词，即使在需要使用的情况下，也应该加以详细说明，已达到沟通的目的，同时为了把话说恰当，你还应该保持敏锐的察觉力，语言沟通上常有许多失误，是因为使用了冒犯他人的不当语言，比如种族歧视或有偏见的话语等等，因此，必须要根据不同的对象，敏锐察觉这些不当用语，并避免使用，最后，你还应该注意多使用接纳性的语言，也就是鼓励和启示性的语言，尽可能避免使用批评和责备的语气，这样才能达到有效的沟通，你的表达能力也会得到周围人的认可。

语言表达除了在传达思想外，也可以将个人对事情的看法和经验表达出来，在语言表达中，我们当然可以加强对自我思想的表述力度，同时，也要特别注意接纳性别及文化上所可能产生的沟通差异，以增进语言表达的亲切程度，你要记住，人与人之间的沟通的最终目的，在于要完成对信息的共同了解，所以，沟通必须是双方面的，真正擅长沟通的人，应该是语言表达能力及社会沟通能力上都可以充分发挥的人，所以，如果你能对人际互动时的社会心理意义有所了解，那么对于你提高语言表达能力、改善沟通必将有所帮助。

所谓了解人际互动时的社会心理意义，是指在沟通时首先需要具有同理心，同理心也就是说心中有他人，能够以从对方的角度及心情来看待或体会某个事件；其次，要掌握行为的适应性，能够根据沟通对象、沟通内容以及地点等环境的变化，结合自己的沟通目的调整自己沟通行为；第三，要能够控制人际互动的过程，控制沟通的主题，以及适当的时机，防止和消除沟通的干扰，另外，沟通这种行为本身，也是一种深刻的自我教育，因为沟通的目的，除了明确具体地把自己意愿表达清楚之外，还需要注意适当说话技巧，利用符合听者的需要、兴趣、知识和态度的语言，才能完成人际互动的沟通，所以，我们在叙述时，不仅需要注意实事求是、简洁明了的叙述事实，避免华而不实或过度的夸张，更要尽量避免使用双方可能产生误解的语言，以促进良好的人际关系，同时，一个善于表达的人，会在沟通过程中，表现出悠扬的个人素质，比如机制灵活、思维敏捷、判断准确、精力集

中等等，都会在他的语言中有所反应；相反，如果心胸狭窄、心存偏见，这些不良品质，也会在谈话中暴露无疑，所以，在与对方沟通时，你应该充满爱心，不触及对方的难言之隐，不随意公开别人的缺点与不足，应该给听者表现出强烈的兴趣，而不是用语言伤害对方。

6. 缺乏表达力的表现

在古代,一个人的智慧和口才,有时会改变一个国家的命运,现今,人们更关注因为善于表达,而带来的个人的成就。在工作和生活中,人们会遇到各种各样的事和形形色色的人,大家都需要在不同的场合,根据不同的目的,进行交流和沟通。这时语言的表达能力就显得格外重要。

语言是人与人沟通的直接桥梁，除了天生有语言障碍的人，任何人都会说话，但会说话不等于懂的语言沟通，现代社会的家庭结构不断缩小，娱乐活动也趋于封闭，使得人们在语言表达能力和沟通能力上不断退化。

如何能够使交谈延续下去，如何使人乐于和我们交谈，也因而成为现代生活中有待提高的能力。

有效运用语言的表达技巧，是沟通的最基本条件。想要能够清楚的表达我们的意愿，必须能够让倾听者接受到我们传递的信息，也就是话必须要说清楚，若是话说不清楚，会让倾听者对信息的内容产生猜想，以致造成误解，或是无法达成共识。

此外，由于沟通是信息的双向传递，因此，特别要求说及听的有效运用，除了需要表达者将话说清楚外，也需要倾听者的尽力配合。如果倾听者无法理解表达者语言中的含义，而又不主动发问，那么将达不到对信息的相互理解。

所以，如何让倾听者在沟通中保持良好的心态，对信息的内容作出积极的反馈，就成为表达者的首要任务。对表达者而言，想要进行有效的沟通，首先要注意自己的态度，沟通是借助于语言表达完成的，但是，沟通更是从内心到内心的信息传递，这种信息移植的成功可能性，在很大程度上依赖于感情因素，这个概念很抽象，但是，只要稍微想象一下，就能够明白，你的沟通的对象，会用跟你同样的感情，对你传达的信息做出反应，如果你讲话时显得局促不安，对方也会局促不安，如果你显得不在乎对方，他也会不在乎你。

相反，如果当你的语言中充满真诚，他们也会积极地响应你。因此，在你的语言表达中，你应该注意给予对方积极的态度。否定、攻击的态度，只能遭到对方的拒绝。因此，在你准备展开话题前，要注意一下对方的行为和态度，这通常会给你一些提示，告诉你当时是不是适合进行沟通的好时机。

对方所表达的正面提示包括，他跟你有眼神接触、微笑或自然地面部表情，而负面的提示则包括，对方正在忙于某些事情，正在与别人谈话，正准备离开等等。如果你得到了明显的负面提示，而依然不依不饶，那么你不仅得不到良好的沟通效果，还会影响你在对方心目中的形象，当然，你在准备进行沟通前，也需要同样发出正面的提示，如果主动跟别人先打招呼，同时以面部的微笑表示友好，就容易取得别人好感，从而展开话题。此外，要建立良好的语言沟通环境，除了清楚地说话之外，也应该注意适当的说话。

适当说话的意思，指的是在表达过程中运用的词汇要符合倾听者的需要、兴趣、知识和态度，只有这样，才能顺利的进行沟通，并促进彼此的信赖关系。因此，在与人进行沟通的时候，表达者需要持续的保持善意，并且尝试提供一个与对方建立良好互动关系的机会，这是达成沟通的有效手段，在话题展开以后，需要表达者运用一定的技巧，将沟通进行下去。

实际上，交谈的持续性，有时比谈话的真实性、趣味性更重要，一般来说，表达者可以用漫谈资料法或自我揭示法，以及寻找共同兴趣来维持话题。同时表达者应当注意，在适当的时机，转换话题。

所谓漫谈资料法，是指在沟通时向对方多透漏点漫谈资料，使对方能发觉出更多的话题。否则，谈话变会变得枯燥无味。另一方面，表达者也应该留意对方透漏的漫谈资料，以便使谈话能够延续。

自我揭示法，是指在沟通过程中，有意的向对方透漏自己的资料。这种做法可以帮助对方更了解自己，并为对方提供谈话题材，起到平衡彼此信息内容的作用。需要注意的是，自我提示的内容应该与对话内容有关，同时不宜过多或过长，应该根据对方的反应，及时调整。

自我揭示的内容可以分为三个主题，与话题有关的自身经验、自己对讨论的事项意见、自己对事情的感受。同时，在与人交谈时，可以在漫谈之中找出共同的兴趣及话题，这样可以有助于维持交谈的进行。此外表达者应该对倾听者的反映细心观察，留意对方是否对谈论中的话题已经没有兴趣，倾听者失去兴趣的一般表现为，需要表达者很努力的维持谈话的进行，或者倾听者在表达者陈述很久以后才有回应，这时如果需要，表达者应该利用漫谈资料，来转换话题。在交谈中，表达者应该多注意对方谈话中的重要字眼，并将一些有关资料记录下来，这些记录，在适当的时候，将有助于话题的转换。

同时，表达者在谈话过程中，也需要注意平衡彼此谈话内容的多少，在很多情况下，虽然是表达者在运用表达技巧主动的增加谈话的机会，但是，仍然要避免自己讲的太多，一般情况下，相互之间平均的参与，会使双方的交谈进行的自然和流畅。同时，在进行沟通和谈话时，如果一方能够表示自己已经明白了对方感受，或者了解了对方某些反馈背后的含义，那么无疑能够帮助信息有效传递，并且可以进一步促进彼此的了解。

所以，沟通中的聆听及回应技巧也十分重要，在交谈进入主题部分以后，就不需要努力的寻找以后的话题，而只需要细心的聆听，以便掌握对方说话的内容、事件和意见。如果你无法集中注意力，那么，就可能错过一些重要的资料和字眼，在聆听中还需要留意隐藏的信息，人与人之间的交流，有时不是很直接的，有些资料是隐藏的，你需要在掌握对方信息后细心的分析，寻找出隐藏的信息，你需要留意对方说话时的内容及语气，这会帮助你了解对方的感受和言外之意，比如，对方一见到你就说“我今天忙得要命，跑了大半天”，这代表对方虽然愿意坐下来和你交谈，但是很累，这时你要留心对方的身体语言，并避开不重要的客套和漫谈，而直接进入主题。

为了提高自己的表达能力,你还需要针对下面几种缺乏交流技巧的表现进行自我检验,及时修改,避免在进行沟通时造成无谓的资源浪费。

缺乏交流技巧的表现之一是：经常使用“但是”。

有人说话常常带口头语，这并不影响信息的有效沟通，可是，有不少人在发表意见之前，喜欢先说“但是”，即使他说得与对方说的意思接近或相同，他也愿意用“但是”作为一段话的开头。

在写文章或演讲中,使用转折词是常事,可以另内容曲折生动,而交谈中过多的使用“但是”是缺乏语言交流技巧的表现。如果你去面试,过多的“但是”会让面试人员反感和不耐烦,在社交场合,过多的“但是”会使对方情绪受挫,气氛变得压抑。情不自禁的说“但是”,不仅是习惯问题,而且是心态问题,一些人喜欢用“但是”来表示自己的观点不同于别人,或者用“但是”来突出自己的位置,他们并没有意识到这样做的结果,频繁的否定语气,只能使沟通趋向对立。

缺乏交流技巧的第二个常见现象是：爱插话。

有些场合插话是战术需要，比如谈判或竞选时，插话可以打乱和牵制对手的思路。但是在日常生活中，能够礼貌的打断对方的发言，实在不是一件容易的事，如果你不喜欢谈话中有过多的火药味，而想心平气和的与对方沟通，那就应该尽力避免冒失的插话。

缺乏交流技巧的第三个特征是：爱说“不知道”。

常常说“不”、“没有”、“不知道”，不仅会使语言缺少人情味，而且会使人际关系变得冷漠，甚至会导致人的思维懒惰，对有权势的人说“不”需要胆量，但普通人之间说不则容易得多。总是用“不知道”来回答对方的问题，不仅是沟通无法持续，而且，这种不求甚解、回避苟且的习惯，将滋长思维的惰性。其实你真的无法回答对方的问题，你可以换一个方式表达，比如“让我想一想”、或者“我有时间帮你查查资料”等等；

另一个缺乏交流技巧的表现是：无故贬低对方。

在生活中我们常常能见到一种人，他们总是在寻找机会贬低或挑剔别人。朋友买了新房，他会说“房子很大，不过交通不方便”，同事买了新车，他会说“车子不错，但是别的牌子的性价比更高”，也许有人会说这样讲直来直去很实在，但你可以问一问自己，有多少人喜欢这种实在，这种实在没有任何实际意义，只会造成信息接受者的不快，这种喜欢贬低对方的人，与其说他实在，不如说他表达技巧拙略，不替对方着想的心直口快，其实是一种尖酸刻薄。

还有一种缺乏交流技巧的表现是：沉默不语或心不在焉。

有些人在听别人讲话时,面无表情沉默不语,而有些人则是目光恍惚、东张西望,这都是非常失礼的行为,也是缺乏交流技巧的表现,有人会反驳说,我在听,我也能对答如流,但是交流和沟通都是双向的,你必须做出表示,让对方知道你在接收他表达的信息,以便使对话能够进行下去,当对方讲话的时候,适时的做出反应,比如“是吗”、“对呀”、“真的吗”,这并不表示你同意他的看法,但是,会让对方认为你是在仔细的听着,而有些时候,眼神交流的效果甚至会高于语言的表达,在交谈时看着对方的面部,不仅是对对方的尊重,更是一种高超的表达技巧,另外高深辩论,频繁的使用偏词、怪词,或者频繁使用定论性的绝对词汇,以及模棱两可的词汇,都是交流技巧差的表现。

语言表达的基本技巧，是现在人类交往频繁的需要，也是人类智慧的表现，善于使用语言交流技巧的人，不仅会使自己的整体素质形象提高，而且他的思想和人品，更容易被大众接受。

7. 表达力的语商提升

表达力的高低，一般是语商高低的表现。语商是指一个人学习、认识和掌握运用语言能力的商数。具体地说，它是指一个人语言的思辨能力、说话的表达能力和在语言交流中的应变能力。语商高的人知识广泛、头脑灵活、判断力强、信心十足，说话富有磁性而有吸引力，同时，他们还能在各种谈话场合中，得心应手，滔滔不绝，赢得别人的尊敬和赞扬。如果读者朋友在上面的测试中，表现不是很好，但很想在各种谈话场合中，利用自己的言谈来赢得别人的尊敬和赞扬，就要记住和做到以下九点。

（1）说话时不应用俗语

常用俗语会妨碍你在语言方面的自如运用。

（2）要做到尽量多用数字

说话时多用数字，语言会更加生动，说服力强，自己也会更加自信。

（3）多看电视

电视是最感性的语言来源，但要注意：不要只看电视剧，而应该多看那些咨询性及访谈性节目，这样能让你更好地学习别人的交谈技巧。

（4）训练目标感

说话要有的放矢，这就好像走路一样，要有方向性的选择，这种“选择”可以使你在说话中避免漫无边际的东拉西扯。

（5）学一些新语言

在日常的工作、学习中，经常学习和吸收一些新的语言，能够更好地丰富你的语言词汇。

（6）培养探究精神

在学习和工作过程中，建议你努力做到：要么不做，要做就做好，并不断探索生活中的各种规律。做什么事都要既知其然，还要知其所以然。

（7）训练判断力

这种能力对于语言来说是至关重要的。在与别人交谈时，如果你判断失误，就可能做出意思相反的回答，这就很可能导致不必要的误会越来越深。

（8）多说有力量的话

有力量的话就是指说话时能够直截了当，行就是行，不行就是不行。比如：你最好不要说“我看……”“我想……”，而应该尽量说“我认为……”这样你的说话才够力量。

（9）多与人交谈

你不妨尝试扩大你的社交圈子，不断增加你的说话机会，这样更有利于提高你对语言的驾驭能力。

8. 表达力的能力提高

提高表达能力，最适合大众的方法，那就是找准一切机会给别人讲故事，讲幽默，讲笑话，而讲到大家非常动容，而你自己依然可以非常冷静的给别人讲的时候，你的表达力就差不多了。但是在职场应用过程中提升自己的表达力，才具有真正的实用价值。具体来讲，若想提高自己的表达力必须注意以下几点：

（1）表达力是练出来的，不要羞怯

要知道每个人的资质都是差不多的，自己有怯场的心理，别人也会有同样的感受，要抓紧一切可以锻炼的机会来展示自己，给自己信心，相信自己既能够做得到也能够说得出，每一次的锻炼都会给自己开始下一次以莫大的勇气，再加上自己不断的总结和积累。长此以往，必然能够在以后的一切场合中脱颖而出，说出自己，证明自己。

（2）说话要言之有物

说话要有内容，才能够在社交场合及一些工作场合中吸引别人的倾听，你总要使别人在听你说话的过程中有一些收益或是产生共鸣，那么这样的说话才是成功的，而别人也才会乐意听你说话，与你交流。同理而言，一位好的说话者一定是一位特别擅长沟通的人，在自己说话的时候也要学会倾听他人的说话，俗话说：出门看天色，进门看脸色。因此在说话时更要学会看他人听你说话时的表情，以便适时的改变自己说话的内容、语气等等，说话时千万不要自说自话，这是最不成功的说话。

（3）说话要注意节奏感

这一点是相当重要的。有些人在说话的时候语速相当快，就像在爆豆子一样，往往她自己说完以后，别人都没有反应过来她说的是什么。说话说得慢一些，声音响亮一些，你会发现，人们会更加注意地倾听你的说话，而且他们会感觉你所说的每一句话都是从内心深处说出来的，是经过你慎重考虑后才说出来的，人们会认为你在对自己说的话负责任。其实言语并不见得比写文章容易，文章写得不好来还可以修改，而一句话说出来了，要想修改是比较困难的。我们也常感觉到，即使同一个意思，甚至同一句话，会说话的人，能叫你眉飞色舞，不会说话的人，则叫你头昏脑胀。

（4）要跟会说话的人多学习

多去倾听别人的说话，西方有句谚语说：上帝之所以给人一个嘴巴两只耳朵，就是要人多听少说。多听，才是最有收获的，不断的丰富自己的内在知识，不断的去学习别人的长处，用一颗自信与谦和的心来面对自己的每一次社交与工作中的场合，即使自己做的不够好，只要努力，只要有真诚，相信你假以时日，一定能够成为一位说话和沟通的高手，为自己的事业和生活带来很多快乐！

9. 表达力的训练方法

表达力分为语言表达能力和文字表达能力。

(1) 语言表达力的训练

一要努力学习和掌握相关的知识。仅口才论口才是远远不够的。君不见那些伶牙俐齿的“巧舌媳妇”，尽管能说会道，但却登不了“大雅之堂”。出色的口头表达能力，其实是由多种内在素质综合决定的，它需要冷静的头脑、敏捷的思维、超人的智慧、渊博的知识及一定的文化修养。

为此，可努力学习有关理论及知识、经验。如学好演讲学、逻辑学、论辩学、哲学、社会学、心理学等。

二要努力学习和掌握相应的技能、技巧。如在讲课、讲演时，就要做到：准备充分，写出讲稿，又不照本宣科；以情感人，充满信心和激情；以理服人，条理清楚，观点鲜明，内容充实，论据充分；注意概括，力求用言简意赅的语言传达最大的信息量；协调自然，恰到好处地以手势、动作、目光、表情帮助说话；表达准确，吐字清楚，音量适中，声调有高有低，节奏分明，有轻重缓急，抑扬顿挫；幽默生动。恰当地运用设问、比喻、排比等修辞方法及谚语、歇后语、典故等，使语言幽默、生动、有趣；尊重他人，了解听者的需要，尊重听者的人格，设身处地为听者着想，以礼待人，尽量少用教训人的口吻，注意听众反应，及时调整讲话。

三要积极参加各种能增强口头表达能力的活动。如演讲会、辩论会、班会、讨论会、文艺晚会、街头宣传、信息咨询等活动。要多讲多练。凡课堂上老师讲的或自己在书本学到的知识都尽可能地用自己的话讲出来，也有助于提高自己的口头表达能力。锻炼口头表达能力要有刻苦精神，要持之以恒。只要我们勤于学习，大胆实践，善于总结及时改进，我们的口头表达能力一定能不断提高。

（2）文字表达力的训练

文字表达能力，与口头表达能力一样，是人们交流思想、表达思想的工具，是学好专业、成就事业的利器。

“工欲善其事，必先利其器”。这里的器是语言。作文其实就是利用语言来表达自己的思想。能否掌握和运用经典的语言准确地表达自己的思想是作文成败的一个关键。而要做到这一点，就必须学会积累语言。我们应从杂志和各类书籍中收集一些精美的语言摘抄下来，然后每天熟练的背诵一遍，以培养自己的语言感觉能力。古人云“拳不离手，曲不离口”，只有每天坚持，才能逐步提高语言表达能力。之所以要强调背诵，是因为这是形成语感的唯一途径。“天上从来不会掉下馅儿饼”、“成功从来只属有心人”。

积累精美语言这一项工作虽然苦，但苦得值得，一方面，它为我们语言表达能力的提高打下坚定的基础；另一个方面，它也可以增广我们的见闻，因为我们要收集精美的语言，就必须阅读大量的书籍，这就间接扩大了我们的阅读量。“读书破万卷，下笔如有神”。我们的阅读量上去了，还愁作文能力不能提高吗？

积累精美的语言可以培养我们的语言感觉能力，但是只有积累，没有仿写，我们就不能将这些积累的语言灵巧的运用到平日的作文中去。所谓仿写就是在原文的语言结构和字数保持基本不变的情况下，改动或增添一些词语和句子，使之表达不同的意思。例如沙宝亮的《暗香》：

当花瓣离开花朵，暗香残留。香消在风起雨后，无人来嗅。如果爱告诉我走下去，我会拼到爱尽头。心若在灿烂中死去，爱会在灰烬里重生，难忘缠绵细语时，用你笑容为我祭奠。让心在灿烂中死去，让爱在灰烬里重生。烈火烧过青草痕，看看又是一年春风。当花瓣离开花朵，暗香残留。

稍作改动就可以变为：

当灯光照亮书本，思绪翻动。笔就在风起雨后，书写人生。如果爱告诉我走下去，我会拼到爱尽头。心若在灿烂中死去，爱让它在灰烬里重生。难忘父母眼神里，用你笑容为我壮行。让心在灿烂中前行，让爱在灰烬里重生。烈火烧过青草痕，看看又是一年春风。当灯光照亮书本，思绪翻动。

仿写应与积累保持同步，每天坚持一次积累、一次仿写，时间长了，自然就知道运用语言的技巧了。仿写还仅仅停留于模仿的基础之上，如果要真正形成有自己语言风格的文章，就必须学会创造。

在语言积累和仿写达到一个月之后，我们就应开始着手于自己的创造了，所谓创造，就是用自己的经典的语言来进行表述。要学会创造，除了要具备一定的语感外，还必须掌握一定语言表达技巧，一般来讲经典的语言应具备三个要素：一是语言的节奏，二是修辞手法的运用，三是典雅词语的运用。

语言如同音乐、舞蹈，是有节奏的。所谓节奏就是由一对相反的因素按照一定的顺序排列形成的。如音乐的节奏是由声音的高低、续停等形成的；舞蹈的节奏是由动作的刚柔、快慢等形成的；而语言的节奏则是由语言的舒缓与激越形成。整齐的句子激越、散句子舒缓；短句子激越、长句子舒缓。因而要形成语言的节奏，就是必须长短结合，整散结合。

其次，作文的表达追求形象生动，作文的语言力求典雅。因此，在作文时，我们还应恰当地用一些典雅的词语和运用比喻，拟人等修饰手法。

有创意地进行语言表达是语言表达的最高境界，但也是最难达到的一个境界。原因有二：一是懒。许多学生认为，我已经背了很多精美的语言了，为什么不拿过来使用，既方便又省事。二是刚开始写的时候，总觉得很多地方写不好，于是就放弃创造，选择仿写。其实，“阳光总在风雨后”，你在这个时候坚持下来了，成功就在眼前向你微笑；你放弃了，成功就会绝尘而去。黎明前的黑暗是最黑暗的时候，但也是离阳光最近的时候。在这个时期，最好是一周写一篇作文，在作文中尽量使用自己的语言来表达，当然是有文采的语言了。同时不能放弃积累和仿写，因为只有“厚积才能薄发”，积累得越多，对自己的语言表达以至于思想积淀就越有益处。

“千里之行，始于足下”，但愿大家都能行动起来，让自己的语言生花，令自己的语言添彩，在文学的天空下插上绚丽的语言翅膀自由地翱翔。

10. 表达力的训练技巧

提高表达能力，必须保持心境乐观开朗，懂得与人沟通的技巧，而且要有一定的讲话水平，具体在训练中应该注意以下几点：

（1）大胆主动积极与别人说话

第一，说话紧张的时候，努力使自己放松。静静地进行深呼吸，在使气息安静下来，在吐气时稍微加进一点力气，这样心就踏实了。笑对于缓和全身的紧张状态有很好的作用。微笑能调整呼吸，还能使头脑的反应灵活，说话集中。

第二，平时练习一些好的话题。在平时要留意观察别人的话题，了解吸引人的和不吸引人的话题，在自己开口时，便自觉地练习讲一些能引起别人兴趣的事情，同时避免引起不良效果的话题。

第三，训练回避不好的话题。应该避免自己不完全了解的事情，一知半解、似懂非懂说一遍，不仅不会给别人带来什么益处，反而给人留下虚浮的坏印象。若有人就这些对你发出提问而你又回答不出，则更为难堪。要避免你不感兴趣的话题，自己不感兴趣又怎能期望对方随你的话题而兴奋起来。

第四，训练丰富话题内容。有了话题，还得有言谈下去的内容。内容来自于生活，来自于你对生活观察和感受。这样的人总是对周围的许多人和事物充满热情。

（2）读书丰富自己的阅历

第一，和不熟的人讲话先礼貌客气点（起初谈话时不同和朋友那样的语气），先了解对方的性格，了解了对方才知道如何（用哪种方式）和对方沟通交流。先看这个人是否和自己是同一类人（思考方式、社会观念、价值观念等），若这个人和你观念差不多就很容易相处，因为大家观念同想法同，也可以找些乐观性格的人做朋友。和人相处需要真诚、友善，主动，你主动和别人沟通啦！

第二，若缺乏思想交流，听别人说话是一种很好的交流，要用心听，不是左耳入，右耳出。

第三，找话题跟人家聊，首先学会做个聆听者，多去听讲座，什么内容的讲座只要你自己喜欢，去图书馆或者大学校园也有讲座的资料；在和朋友长辈沟通过程中多听听别人的，从而每一天收集可以表达的素材，也能学习别人的语言表达技巧。可以做现场观众，辩论比赛、英语口语、主持人等比赛，学习别人的语言表达。当一个人听的事情多了，脑袋里面的东西也会丰富了，自然，自己和别人沟通的时候，语言无论在修辞、前后逻辑、表达的语气等方面都能有所提高。语言是沟通的桥梁，表达好语言，沟通就好了，做起事情也顺了。不知说什么，首先要学会找话题，以上方法，会有一种适合你的，努力啦！人与人之间相互了解，最重要是多点沟通，交流双方的想法，在语言和行为上做到相互关心帮助，彼此要真诚真心对待。朋友之间的相处在乎真诚真心、信任宽容、友善、相互关心相互支持。

(3) 让自己变得很幽默

第一，当你叙述某件趣事的时候，不要急于显示结果，应当沉住气，要以独具特色的语气和带有戏剧性的情节显示幽默的力量，在最关键的一句话说出之前，应当给听众造成一种悬念。

第二，当你说笑话时，每一次停顿、每一种特殊的语调，每一个相应的表情、手势和身体姿势，都应当有助于幽默力量的发挥。重要的词语加以强调，利用重音和停顿等以声传意的技巧来促进听众的思考，加深听众的印象。

第三，语言的滑稽风趣，一定要根据具体对象、具体情况、具体语境来加以运用，而不能使说出的话不合时宜。

第四，不要在自己说笑话的时候，自己先大笑起来，这样是最不受欢迎的。在每一次讲话结束后，最好能激发全体听众发自内心的笑容。

第五，自信很重要，相信自己，放开心情，平常心处事，让自己乐观一点。多微笑，笑容使人心情轻松。

综上所述：自信、大胆、主动、积极、坚持、幽默、微笑做到以上几点，随着时间的积累，就会觉得自己有所变化，变得开朗健谈乐观，这需要一个过程！

11. 表达力的开发练习

表达能力并不是与生俱来的，而是人们通过后天学习获得的技能。虽然有遗传基因或脑部构造异常而存在着语能优势或语能残缺。在现实生活中，由于每个人的主客观条件、花费时间和学习需求的不同，我们获得语商能力的快慢和高低也是不同的。这就表明人的语商能力主要还是依赖在后天的语言训练和语言交流中得到强化和提升。

语言是人类分布最广泛、最平均的一种能力。在人的各种智力中，语言智力被列为第一种智力。事实表明：语言在人的一生都占据着重要地位，是人们发展智力和社交能力的核心因素。

长久以来，人们总是以为语言只是一种沟通工具，必须要熟练地掌握它、使用它。实际上，这种认识仅仅是从语言的交际功能出发的。从语言和“说话人”的关系这层意思来看，语言是个“多媒体”，既可作为工具，同时也是心智能力的一种反映。例如，同样是说话，同样要表达一种意思，有的人会“妙语连珠”，而有的人却“词不达意”，这就是心智能力的差异。假如一个人其他方面的能力很优秀，同时他的语商能力也在逐步提高，那么他一定会更优秀。语商不但可以使人用大脑思考问题，还可以随时用语言表达思考的问题。如果我们说话时用语准确，修辞得体，语音优美，那我们从事各项工作会更加游刃有余，事业就会更加成功，人生也会更加丰富多彩。

人们的语言交流和人际沟通能力在这个竞争日益激烈的21世纪显得更加重要，语商将给我们带来新的生存机遇和人的质量全方位提升。

我们生活在一个有声的语言世界中，语言能力是每个人一生中极为重要的生存能力，语言交流的水平高低就是语商能力的高低。通过进行下面的测试，我们会对自己的语商能力有所把握。

测试一

（1）你觉得会说话对人一生的影响：

A. 重要。

B. 一般。

C. 不重要。

（2）你和很多人在一起交谈时，你会：

A. 有时插上几句。

B. 让别人说，自己只是旁听者。

C. 善用言谈来增加别人对你的好感。

（3）在公共场合，你的表现是：

A. 很善于言辞。

B. 不善言辞。

C. 羞于言谈。

（4）假如一个依赖性很强的朋友，打电话与你聊天，而你没有时间陪他的时候，你会：

A. 问他是否有重要事，如没有，回头再打给他。

B. 告诉他你很忙，不能和他聊天。

C. 不接电话。

（5）因为一次语言失误，在同事间产生了不好的影响，你会：

A. 一样的多说话。

B. 以良好言行尽力寻找机会挽回影响。

C. 害怕说话。

（6）有人告诉你某某说过你的坏话，你会：

A. 处处提防他。

B. 也说他的坏话。

C. 主动与他交谈。

(7) 在朋友的生日宴会上，你结识了朋友的同学，当你再次看见他时：

A. 匆匆打个招呼就过去了。

B. 一张口就叫出他的名字，并热情地与之交谈。

C. 聊了几句，并留下新的联系方式。

(8) 你说话被别人误解后，你会：

A. 多给予谅解。

B. 忽略这个问题。

C. 不再搭理人。

计分标准

1. 选 A，2 分，选 B，1 分，选 C，0 分。
2. 选 A，1 分，选 B，0 分，选 C，2 分。
3. 选 A，2 分，选 B，1 分，选 C，0 分。
4. 选 A，2 分，选 B，1 分，选 C，0 分。
5. 选 A，0 分，选 B，2 分，选 C，1 分。
6. 选 A，1 分，选 B，0 分，选 C，2 分。
7. 选 A，0 分，选 B，2 分，选 C，1 分。
8. 选 A，2 分，选 B，1 分，选 C，0 分。

测试分析

得分在 0～5 分之间，表明你的语商较低，语言表达能力和语言沟通能力还很欠缺。如果你的性格太内向，这会阻碍你的语言能力的提高，你应该尽力改变这种状况，跳出自己的小圈子，多与外界人接触，寻找一些与别人言语交流的机会，努力培养自己的说话能力。只有这样，你才有希望成为一个受欢迎的人。

得分在 6～11 分之间，表明你的语商良好，语言表达能力和语言沟通能力一般，如果再加把劲儿，你就可以很自如地与人交流了。提高你的语言能力的法宝是主动出击，这样可以使你在语言交流中赢得主动权，你的语商能力自然会迈上一个新的台阶。

得分在 *12 ~ 16* 分之间，表明你的语商很高，你清楚怎样表达自己的情感和思想，能够很好的理解和支持别人，不论同事还是朋友，上级还是下级，你都能和他们保持良好的言谈关系。值得注意的是：千万不要炫耀自己的这种沟通和交流能力，那样，会被人认为你是故意讨好别人，是十分虚伪的表现。尤其是对那种不善于与人沟通的人，更要十分注意，要做到用你的真诚去打动别人，只有这样，你才能长久地维持你的好人缘，你的语商才能表现得更高。

接下来，还有一个小测试，接着做。

测试二

如果你的话说到一半，有人打断你的话，并转移话题，你会：

A. 不说了。

B. 跟对方抢着说。

C. 请对方不要插话。

D. 等他（她）说完，再接下去说。

测试结果：

选 A。

表明你的语商能力太低。当说到一半就被人打断，可能会让你觉得这是非常不尊重你的表现。你感受到这样的“待遇”很没面子，但是，你也不会立刻与他争执，你尽可能地把没有说完的话吞下去，并且希望大家不要注意到你，就当作你没讲。

你此时的语商指数：★

选 B。

表明你的语商能力偏低。你的性格比较急躁，不能容忍别人在这个时候打断你的话，一旦受到不公正的待遇，你会马上“以牙还牙”。这种个性在人际交往中，似乎不会吃亏，但是总会给人锋芒毕露的感觉，让别人对你敬而远之。另外，这种个性在与人交谈中也容易引发不必要的争执。建议你加强训练，迅速提高你的语商。

你此时的语商指数：★★

选 C。

表明你的语商能力良好。但是不足之处是在你说话的时候所表现的气势凌人，不允许别人插嘴或打断，否则你绝对不会坐视不管，你会当面警告对方，让对方尊重你的发言权。你是一个以自我为中心的人；你会按照自己的意志去做任何事情，不许别人干涉。一旦有人干涉你，你会毫不客气地纠正。你这种语言行为表明你很自信，也有十足的勇气和实力，但是却很容易和对方发生冲突，你不妨对此多加留意。

你此时的语商指数：★★★

选 D。

表明你的语商能力很高，而且你也会很好地处理你与别人之间的任何冲突。你属于那种话不说完，心里就不舒服的人。如果有人不尊重你，并打断你的话，你也不会生气，你会耐心地等对方把话说完，再接下去说。看得出，你是一个很沉得住气的人，既可以避免话没讲完的尴尬，还能给对方一个教训。

你此时的语商指数：★★★★

通过上面的测试，相信我们已对自己的语商有所了解，在接下来的阅读中，我们还将学到怎样提高语商的更多方法和技巧。

第二章

学生表达力的锻炼游戏

1. 跑到哪里去了

小芳这段时间跟着叔叔学摄影。“咔嚓”一闪，美丽的风景就到相册上了，真好玩。小芳是个聪明的孩子，进步非常快。

听说星期天海滩上有一场风帆比赛，这天小芳忙带着相机去了。到了海滩上，只见十个漂亮的女子奋力使起风帆，小芳忙抢拍了几张。

可是奇怪的事情发生了：起点时拍的照片上有 10 名女子，到了终点却只有 9 名了，还有一名到底跑到哪儿去了？

小芳拿着两张照片对了半天，还是没找出那个跑掉的选手。你知道少了几号选手吗？

2. 哪个是间谍

克莱将军手下有一名间谍叛变了，必须把他除掉，否则危害就太大了。克莱将军派一名特工去行刺。特工除了有一张这名间谍的相片外，就只知道他对女人非常体贴。

特工终于在一个雨天盯上了这名间谍，下午 3 点钟的时候，从一个酒吧里走出三对男女来，都是打着伞背对着特工而去，根本没办法看清相貌。机不可失，时不再来。特工犹豫了一下，然后就拔出枪，果断地击毙了其中的一个男人。这名男人确实就是那个叛变的间谍。

特工击毙的是哪一个男人？他是根据什么判断出来的呢？

3. 刁猾的老板赚钱

有一个开蜡烛店的老板，他靠刁猾的售货技巧赚了不少钱。

这个老板对前来买蜡烛的人都要出一个题目，猜对了白送，猜错了加倍收钱。他的题目是：在一架平板天秤上一头放一个小球，在另一头放上重量相等的蜡烛，问顾客点燃蜡烛后天平会向哪边倾斜。

很多顾客都被这个老板的刁猾办法骗去了不少钱。聪明的朋友，你能不能不用花钱而把这个老板的蜡烛白拿过来呢？

4. 认出是假画

小红的爸爸是个名画收藏爱好者，只要听说哪儿有名画出售，花再多的钱他也愿意买下来。今天爸爸又买了一幅名画回来，这幅画据说是古代一个大画家画的，画的是一只猫藏在玫瑰花丛下，正午的太阳正照在鲜艳的玫瑰花上，猫睁大了眼睛盯着前面的蝴蝶，正要猛扑上去的样子。爸爸正在为买得这幅画而得意时，不料小兰却对他说："爸爸，这幅画是假的！"爸爸大吃一惊说："怎么会是假的呢？"

这幅画是不是假的呢？

5. 花生米怎么了

有一个老板准备招一名店员，但他却先招了三个来试，看哪一个素质最好，就留下谁。

老板让三个店员都去卖花生米。有几个老太太来买花生米，三个新手都热情地招呼客人。突然，一个店员抓起一粒花生米就塞进口里去了。老板看见了，事后就问这个店员为什么要偷吃花生米。这个店员把原因一说，老板满意地点点头，结果就把他留了下来。

你大概猜到其中的原因了吧？

6. 谁的枪多

小浩和小洁两兄弟挺喜欢玩具枪，爸爸就买了不少给他们玩。

小浩对小洁说：“我们两个来打赌，谁输一次就给对方一支枪。”小洁就说：“好！”然后两人就开始剪刀石头布赌起来。小浩本来比小洁多 *5* 支，到后来小洁从小浩那儿赢了 *4* 支。

现在小浩和小洁哪个枪多，多几支？

7. 真有特异功能吗

冲冲从小就对特异功能着了迷，只要听说哪里有个特异功能大师，他必定去拜访，因此结交了不少大师。

一天晚上，冲冲正在读一本非常有趣的故事书，突然停电了，全城一片漆黑，冲冲家照样也没有电。但是冲冲好像一点也不受停电的影响，仍旧津津有味地读着。妈妈说：“冲冲，你把蜡烛点起来再读吧。”冲冲说：“妈妈，不用点了，我有特异功能呢！不用灯光也能看见书。”

妈妈笑着说：“看我还真忘了呢！”

你说冲冲真的有特异功能吗？

8. 共有多少人和物

小华在埃及长大。一天，他到阿拉镇去探访朋友。

在途中，他遇到一位阿拉伯酋长，还领着七位妻子；每一位妻子各挽着七个布袋；每个布袋内有七只猫；每只猫都生七只小猫。现在请你想一想，究竟有多少人及东西要去阿拉镇？同时，又有多少人及东西没有去阿拉镇呢？

9. 巧燃糖块

小明听同学说糖块可以用火柴点燃，也跑回家来做试验。他先把一块糖放在盘子里，然后划一根火柴烧它。但是接连擦了几根火柴，糖块还是没有燃烧起来。“这是怎么回事呢？为什么我的糖块不燃烧？”他很纳闷。这时，门一响，爸爸下班回来了。爸爸知道了小明的苦恼后对他说：“要让糖块燃烧很容易，只要在它的一面先擦些香烟灰，然后再点就行了。”小明照爸爸说的去做，糖块果然燃烧起来了。

但是，为什么糖块上擦些香烟灰就可以用火柴点燃了呢？难道香烟灰还会燃烧吗？小明不明白。你明白吗？

10. 金发女郎

这天晚上，侦探斯科特又把一个迷人的金发女郎带到自己的卧室过夜。就在他们刚刚结束了一阵狂欢之后，床头柜上的电话铃突然响了起来。

“是斯科特吗？刚才你又和女人鬼混了吧？你们干的好事，都已被我录下音了。告诉你，你床上的那个金发女郎是街头黑帮头头的情妇。你要是不想让他知道的话，可以出 5000 美元买下这盘录音带的声音。”稍顷，从听筒里又传来了录音带的声音，确实是刚才他俩发出的声音，这使得斯科特惊讶不已。

“一定是有人趁我不在家时，在卧室里安装了窃听器。”斯科特想到这儿便下床把房间里里外外查了个遍，可是什么东西也没找到。这间卧室前不久刚刚装好隔音装置，从室外是绝不可能被窃听的。为慎重起见，斯科特又把金发女郎带来的东西也彻底检查了一遍。除了打火机、香烟、一些零钱和化妆品之外，什么都没有。

那个打威胁电话的歹徒，到底用什么办法窃听？

11. 幽灵杀手

被害者的胸部和腹部被刺身亡，死亡时间大约是 *4* 个小时前。

奇怪的是，在这个宽阔的海滨沙滩上，没有任何凶手的足迹，也没有用工具消除足迹或踏着被害者脚印走过的痕迹，更没有使用直升机或飞行工具的迹象。再加上没有任何目击证人，而凶手却是在最短的距离内行凶的。

难道这个凶手真是不会留下脚印的幽灵吗？

请你想想，凶手是如何不着痕迹行凶的？

12. 追捕逃狱犯

提到北海道的网走监狱，以前是专门收容重刑罪犯的牢监。此处会令人联想到它的尽头就是地狱。但它那红砖造的围墙与坚固的正门，今天却已成了观光胜地。不少观光客来到此地，都会在门前拍照留念。

某个初秋夜晚，网走监狱中有位囚犯逃脱了。他以工作场中的木棒当高跷，跨越过高耸的围墙逃狱。

接着，穿越围墙外的空地，逃进杂树林。

被雨打湿的地面上留下了清楚的脚印。

于是，警察带来优秀的警犬，追踪逃犯的路线。警犬仔细嗅过空地上囚犯的足迹之后，一直循此足迹前进，进入杂树林。但追到途中，不知为什么突然停止，左顾右盼，一步也不前进了。

逃狱犯并没有换穿别的鞋子继续逃亡，他的脚上始终是同一双鞋。那么，他如何能骗过警犬的追踪呢？

13. 沙丘杀人

山田警官好不容易有个休假日，特地走了一趟乌取的沙丘。他很久以前就一直很想来看看。

这是面临日本海，东西 *16* 公里，南北 *2* 公里的宽广沙丘。

从沙丘展望台上眺望，所见之处，尽是绵延不断的沙地。

海风吹来，在沙土上卷起波浪般美丽的花纹。

山田警官驾车至沙丘中央，下车脱鞋，赤脚走在沙上。如果穿着鞋，沙子进入的话，就不好走了。

伫立于沙丘顶上，远眺日本海，看见右手斜面上来了一位赤脚男子。那男子身后 *50* 公尺左右，倒着一位穿红衣的女子。

警官心想，一定是那女的突然昏倒，男子前来求救。

他立刻跑向前，准备帮忙。

不，那男子一看见警官，急忙往反方向逃逸。

这种奇怪的动作触动了警官的第六感。

警官大声叫唤。那男子越跑越快。

但从沙丘的斜面滑下的警官，速度还是快了一些，不一会儿便追上男子。

“你为什么要逃？”

“不是，我，不是我杀死她的。”

男子颤抖地说道。

“什么？杀死……这么说来，那位女子死了？你和我一起来？”

警官出示证件，领着男子到那女子身旁。

女子好像被棍棒般的硬物用力敲中头部。

她还没断气，却已奄奄一息。

由于情况紧急，警官为防止男子逃走，便将他戴上手铐。

“振作点！告诉我，是谁做的?”

警官问气息微弱的女子。

女子痛苦地呢喃：

“他……敲……头……”

她已气若游丝。

“为什么敲头?”

“他……他……”

女子轻启双唇，好像要说什么，却没有道出下文就断了气。

警官将女子的尸体轻轻地放在沙丘上，以质问的语气向男子问道：

“凶器在哪里？你用什么样的棍棒敲的?”

男子什么也不回答。

于是，警官当场搜他的身，却找不到任何一样像凶器的东西。口袋里只有钱、手帕、驾照、香烟和火柴，而且袜子也脱下来揉成一团。

他是打赤脚的，鞋子应该是留在车上。

死亡的女子也同样赤脚，小皮包内只有零散的化妆品及钱而已。

也许凶器埋在沙里吧?

于是，山田循着男子逃逸的路线仔细搜寻，依然没有任何发现。

如此看来，就只剩一个可能——就是用手敲打。

但是，既然力量强得足以杀死一个人，当然拳头应该会有些红肿。只不过，眼前这位男子的手像女人一样白皙，并没有任何异常。

不过，警官还是认为这名男子是凶手。

亲爱的朋友们——你是否能帮帮警官的忙，推断出这男子到底使用什么凶器?

14. 毒蘑菇杀人事件

群马县以前称为上野国或上州。所谓上州的名产，就是老婆当家与龙卷风，还有雷。上州可说是日本最常发生落雷的地方，非常有名。

某个初秋，赤城山麓草原上发现两具正在露营的群马大学学生的尸体，他们死于扎在大杉树下的帐篷内。

死因是食物中毒。

判断是晚餐吃了森林中的野生毒蘑菇，中毒而死。

但这两人是野外生活社团的团员。

“就算死因是食用毒蘑菇中毒，也必定是他杀的。杀人犯故意让他们吃下毒蘑菇，再将尸体搬来这里，假装他们是露营中误食毒蘑菇而死。而且，犯人一定是没有露营经验的家伙。”

群马县出生的刑警只看了现场一眼，就很干脆地下此判断。

理由何在?

15. 名侦探，宫本武藏

熊本市西南有一座有名的海地山，半山腰有个称为灵严洞的小洞穴。正保二年（*1645* 年），剑豪宫本武藏在此洞坐禅。

宫本武藏 *56* 岁时才住进熊本。

经过长年流浪生涯之后，武藏终于被肥后藩主网罗，成为剑术教练，年俸 *300* 石。

对于自视清高的他而言，这样的待遇也许太低了。但是，他已经厌倦了长年的流浪生活。这可能是最后的机会了。因此，他放下身段，进入仕途。

寻得安身立命之处，武藏终于松了一口气。不知是否因此之故，健壮的身体突然变坏，疾病经常造访。

他不太指导剑术，而和禅寺内的和尚，悠游于诗画、茶道、禅等境界中。

*　　　　　*　　　　　*

夏日，盛阳朗照，武藏在小河旁悠然垂钓。

2 小时前才下过骤雨，所以河水有点混浊、暴涨。

这时，村里的一个小孩跑了过来。

“荒寺有个男子被杀了！”

武藏于是前往荒寺一探究竟。

夏草茂盛的寺内已经集满了村人，团团围着尸体。一个满面胡须的男子仰躺在崩塌的土墙旁的合欢树下，左肩被砍了一刀，伤口不小。正午的骤雨使死者旅人般的衣物全湿了，血痕也几乎被大雨冲掉。

“美丽的衣服被割坏了，一定是技术不怎么高明的人干的。”

武藏感慨凶手技术太差。

“死者是谁?”

武藏询问村民。

“没见过。大概是路过的旅人吧!”

村民如此回答。

他身上并没有带钱，很可能是半路遭遇抢匪，钱全被抢走，连命也没了。

“什么时候被杀的?”

“看他全身湿淋淋的，很可能是在这树下躲雨时被杀。”

群众中传来说话声。

但武藏看见合欢树叶表面飞散的血迹，立即断定:

“不！他是在骤雨前被杀的。”

武藏凭什么如此推理呢?

16. 看不见的证据

提到长崎，和广岛一样，都是由于曾遭到原子弹轰炸，举世闻名。

1945年8月9日，美军在长崎投下原子弹，城市街道上大约一半土地，以及7.5万人的生命，均在一瞬间丧失。

长崎之毁是在广岛原爆之后3日，离第二次世界大战奏出终曲不过区区6天。

*　　　　*　　　　*

一个下雨的夜晚，长崎大学学生A、B在宿舍里边喝酒边争论。

争论的主题是有关4日前，中国政府在塔克拉马干沙漠进行核试爆的事。

争论到最后，竟然打了起来。

最后，空手道初段的A将B打死。

A心想，这下惨了。

但后悔已经太迟了。

当天半夜，A将B的尸体放入车中，载到原爆中心碑附近的游乐场丢弃。

因为雨已经停止，便用公厕内的自来水，用喷壶将尸体浇湿。

不料，隔天早晨尸体被发现，警方展开搜证时，鉴识人员立即说道：

“死者并没有被昨晚的雨淋到，应该是犯人故意洒自来水蒙骗警方。”

犯人伪装立刻被揭穿。

到底犯人A什么地方露出马脚呢？

17. 真假夫妻

深山的旅馆来了两对夫妇，其中一对是名副其实的夫妇，而另一对则是杀妻外逃的通辑犯和其情妇。

由于旅馆已接到通辑令，所以早有警惕。不巧，通辑照片不清楚，根本无法辨别哪一对是罪犯。但是，出来迎接的店老板只注意到了一点，便知道哪一对是罪犯了。那么你看出破绽了吗？

18. 秘密接头

前田警部得到情报，一犯罪团伙准备在百货商店秘密接头，于是便跟踪而至。

一个男的在商店的服务台前，请求女店员为其广播找人，内容是：“从东就八王子市来的山形先生，请到一楼的总服务台前，您的同伴在等您。”

前田警部在服务台前监视了好一阵子，但始终未见那个叫山形的“同伴”出现。实际上，在这段时间里，那个男的已和同伴接上了头。那么，到底是如何接的头呢？

19. 夕阳告诉我

在1月份的一个寒冷的雪夜里，巴特受朋友之邀到纽约长岛的老家去调查有关家藏珍宝的真相，而朋友的子孙们也跟着他一起去。

那地方有两栋建筑物遥遥相对着。一所叫黑屋，一所叫白屋，他们住在白屋。据说祖先的珍宝藏在黑屋里，他们决定明天去搜查。晚饭时，子孙中有两人吵了起来，不小心打碎了一瓶150年的白兰地。巴特喝了酒感到特别困，很快就睡着了。

醒来已是第二天早上，他听到室外一片喧闹，出去一看，吓了一跳，一夜之间，黑屋消失得无影无踪。回头一看，白屋依旧，周围景色也没变。回到屋内，昨夜吵架时打碎的酒瓶还在。

巴特被搞迷糊了，就回房间仔细思考，这时晨曦初透，照得室内一片光亮，巴特又吓了一跳。因为昨天停电，他是在同一个地方看到夕阳的。你能解开这个谜吗？

20. 名画失踪案

伦敦富翁失窃一幅小而名贵的画。据传，有人要携带这幅画渡海到马黎支。有关当局特别做了严密的措施，彻底地检查旅客的行李。

这时，有一个女学生，在开往巴黎的火车上离奇地失踪了。他们共有 *10* 人，是各个学校派出来，送往巴黎留学的优秀生。有人看见她进入火车站的洗手间，从此就不见踪影了。既然没有跳车的迹象，也没发现尸体。而她所戴的帽子和鞋子却在铁路旁被发现了。

这列火车，除了这些女学生外，另外还有 *3* 组乘客，他们都是私人车厢，第一组是两个到巴黎观光的老小姐；第二组是两个中年的法国商人；最后一组是最有嫌疑的年轻夫妇。因为事关重大，所以警方重点检查了他俩的行李，但却什么也没有发现。

第二天，失踪的女学生在伦敦被找到。她因头部受到重击而丧失记忆力。后来，富翁的名画在巴黎火车站那个失踪的女学生的书包中被发现，这是怎么一回事呢？

21. 谜样的绑票犯

某董事长的孙子被人绑架了，犯人要求索取1000万的赎金。

犯人以电话指定如下："把钱用布包起来后放进皮箱。今晚11点，放在M公园的铜像旁的椅子下面。"

为了保住爱孙的性命，董事长就按照犯人的指示，把1000万元的钞票放进箱子里，拿到铜像旁的椅子下。

到了11点半左右，一位年轻的女性来了。她从椅子下拿了皮箱后就很快离去。完全不顾埋伏在四周的警察。

那个女的向前走了一段路后，就拦下了一辆恰好路过的计程车。而埋伏在那儿的警车，立刻就开始跟踪。

不久后，计程车就停在S车站前。那个女的手上提着皮箱从车上下来。警车上的两名刑警马上跟着她。

那个女的把皮箱寄放在出租保管箱里，就空手走上了月台。其中的一位刑警留下来看守着皮箱，另一人则继续跟踪她。

但是很不凑巧，就在那个女的跳进刚驶进月台的电车后，车门就关了。于是无法再继续跟踪。

然而，那个皮箱还被锁在保管箱里，她的共犯一定会来拿。刑警们这么想着，就更加严密地看守那个皮箱。

但是，过了好久之后，都不见有人来拿，于是警方便觉得不太对劲，便叫负责的人把保管箱打开。当他们拿出箱子一看，里面的1000万元已经不翼而飞了。

而这1000万的赎金，到底是谁、又是怎么拿走的呢？

22. 一对经济合伙人

约翰和莫维是一对经济合伙人。这天，他俩一起去打猎，结果发生了悲剧。约翰向警署人员说，自己朝一只雄鹿开枪时，子弹击中莫维，穿进了他的左太阳穴。

死者没戴帽子，脸朝下，一只手还握着猎枪。刑事专家霍尔边查看尸体边听约翰诉说：“我俩在这里转了4天，才发现这只雄鹿，它正在树丛中睡觉。这次轮到莫维先开枪，我偷偷地靠近那只鹿，以为莫维就在我身后跟着，不料，鹿有点警觉，突然立起前脚。这时莫维还没开枪，鹿眼看着就要逃走，我只好先开枪了，结果这一枪没打中鹿，却击中了莫维。我真没想到他会悄悄地溜到对面去。”

在归途的车上，霍尔对警员说：“我很怀疑约翰，他可能出于某种原因谋害了合伙人。”

霍尔为什么怀疑约翰？

23. 她不是吸血鬼

某个夏日，一个樵夫在树林里突然听到孩子的哭声，觉得奇怪，便四处寻找。结果发现孩子继母正用嘴咬他的肩膀，听到樵夫的脚步声，这女人抬头来，樵夫见她满脸是血。“啊，这女人是吸血鬼!”樵夫又惊又怕，转身逃走了。

回到农场，他立刻把刚才看到的事情告诉了农场的人，于是吉米的继母是吸血鬼的说法便传开了。后经调查澄清，她不是吸血鬼。

请你猜测一下，当时发生了什么事?

24. 大脚男人

著名的摔跤界高手马场先生，以穿着30公分的大鞋子而闻名。而这个事件中的犯人也不差，他是个穿着33公分的大鞋子的男人。

这名犯人在将这个穿着23公分的鞋子的女子杀害后，为了混淆脚印，便穿着被害者的小高跟鞋逃离现场。

然而，以他那么大的脚而言，他决不可能塞得进那双小高跟鞋。而他究竟是怎么穿着那名女子的鞋逃走的呢？

25. 喝苦药的考验

尽管气温高达44℃，50名美国游客还是及时赶到了墨西哥的一个小村庄。

“本村少年进入成年仪式现在开始。”当墨西哥导游高声宣布后，一位气喘吁吁、汗流满面的小伙子步履艰难地跑进村，精疲力竭地倒在树荫下。几个村民马上递上冰块，替他擦汗、按摩。

导游从村长手中拿过一只水杯，对游客大声说：“现在最后的考验到了，这位刚刚跑完40英里的小伙子必须从容地喝下这杯最苦的药水。”

说着，导游将怀子递给游客，3位游客尝后脸色骤变，导游于是大发议论，旁边的美国游人也不知怎地纷纷解囊下注，与导游打赌，认定那个小伙子经不起喝苦药的考验。

哈莱金博士恰好是游客中的一员，他目不转睛地看着水杯递给那个小伙子。

小伙子一仰脖子喝下了苦药水，甚至连眼皮都没眨一下。

“你和这些村民在此设下了一个巧妙的骗局，”哈莱金博士对导游说，“但我劝你将钱归还游客。不然我要通知警察！”

那么，这是一个怎样的骗局呢？

26. 绳子是帮凶

在一个深夜，住在共有 *10* 层楼的 M 旅馆的 *9* 楼中的 *909* 室的女人，被人发现遭人勒死在屋顶上。

但经过调查，*909* 室的房间里，已从里面上了两道锁，而且那个女性并没有离开房间一步。

那么，凶手究竟使用什么方法，将她引诱到屋顶再予以杀害的呢？（提示：请注意绳子长度。）

27. 不可思议的宴会

这是一件发生在美国的案子。某夜，一名人犯从牢中逃脱了。由于他穿着上面有横条纹的囚衣，所以不敢走在大街上，以避人耳目。而整个城里，警方都已布下严密的警网，道路也全被封锁了。因此，这名囚犯就陷入进退不得的情形中。

他正在想要躲在哪里好时，突然看见前面50公尺处，有一间大宅邸似乎正在举办宴会，明亮的灯光从窗子向外泄出。他打算偷偷地进去偷一件衣服来换，但不幸地被人发现了。而令人惊讶的是，大家居然都拍着手来欢迎他。

于是，这名逃犯便和大家一起快乐地玩了一整晚。到宴会结束前，他才穿着别人的衣服，成功地逃走。

然而，这个欢迎可怕的逃犯的宴会，究竟是个怎么样的宴会呢？

28. 一场不在现场的戏

一个冬天的晚上 8 点，私家侦探朱鸿，接到老友林楷山的电话：“朱鸿，我的珠宝被盗，你快点来，我叫司机去接你！”语气很紧张。朱鸿知道那珠宝是人家定制的，一两天就得交货，老友怎能不心焦！大约过了 2 个小时，林楷山的司机到了。

当车子驶回林楷山家后，已是子夜 11 点了。司机说：“老板应该在 2 楼，我去请他。”

司机请朱鸿稍候，就上楼去了。没多大会儿，就听到司机的喊叫声：“不好了！不好了！老板自杀了！”

朱鸿大吃一惊。急忙冲上楼去，但见老友吊在天花板的铁管上，脚下踏板椅子横倒在一边。这时，朱鸿和司机把林楷山的尸体移下来。

“咦，尸体怎么是温的？”司机脸色苍白，惊讶地说道，室内的空气是冷冰冰的，而尸体是温暖的。

“你是说，林楷山在我抵达之前才自杀的？”

“嗯……从尸体看，他似乎死了不到 1 小时。”

朱鸿搜查死者的身上，并没有遗书，他东摸西摸，却在口袋里找到一块融化的巧克力。巧克力是锡纸包着的，朱鸿打开一看，不由把怀疑的目光投向司机：“如果没猜错，你就是凶手。你在接我之前，就把他杀了，然后略施手脚，造成假象，对吗？”

“哪……哪有那回事？我接你来回 3 小时，如果我杀死老板，尸体应该是冰冷的。何况屋内无暖气设备。莫非认为我刚才在楼上杀死他的吗？”

“你是用巧妙的计谋，来演了一场不在现场的戏，我不是 *3* 岁小孩，不会轻易上当。”

朱鸿是怎么识破的？

29. 遗产安然无恙

艺术品收藏家万斯，出于一种求知的好奇心，经常私下帮助检察机关从事难案件的侦查工作。

一天，一位年轻的妇女慕名来访，向他讲了这样一件事：“我伯父住在芝加哥，终身未娶。他的全部财产大约有10万美元，换成现钞和宝石，保存在芝加哥银行的租赁金库里。然后，通过邮电局把金库的钥匙寄给了我，并留下遗嘱，让我在他死后再打开金库继承遗产。上月他因病去世。料理完丧葬，我去银行，可是，打开金库，里边只放着个信封。”说着，她从手提包中拿出那个信封，递给了万斯。

这是一个极为普通的信封，上面只贴着两枚陈旧的邮票，既没有收信人姓名，也没有信。万斯把信封拿到窗前的明亮处对着太阳照看，心想：也许在这上面有用密写墨水写的遗产藏匿地点。可是他却一无所获。

万斯歪着头沉思了片刻，突然好象意识到什么，问道：“您的伯父有什么特别的嗜好或古怪的性格吗？”

“我只是在孩提时代见过他，所以不太了解。但据说他是个怪人，喜欢读推理小说。”

“原来如此。小姐，请放心，您的遗产安然无恙。”万斯微笑着把信封交还给她。

那么，10万美元的遗产到底在什么地方？

30. 火柴棍之谜

在一家私人宅邸3楼的客厅里，客人将装饰品放到桌子上，外出归来后发现其中一个戒指被盗。不知为什么桌子上却留下一支火柴。房间的门上着锁，窗户开了一点儿。但是3楼的房间，不可能使用如此高的梯子，窃贼也不可能是从窗外进来的。

实际上，这种同一手段作案已经是第三次了。前两次也是从很多宝石中只拣了一颗最便宜的，真不可思议，竟然会有如此的盗贼，每次同样在桌子上留下一支火柴。

请来私人侦探对此奇怪案件立案侦查，结果说明了以下几种情况：

(1) 三次盗窃案使用同一手段，认定是同一人所为。

(2) 作案时家属、客人及佣人全有足够的不在现场的证明，无人接近三楼客厅。

(3) 无使用梯子破窗而入的迹象。

(4) 为什么盗贼每次只选择一颗最便宜的宝石？

(5) 作案时间是白天，不需要划火柴照明，物色盗品。

(6) 现场留下的火柴棍上有用硬物夹伤的痕迹。

(7) 秘书的房间有个鸟笼子，饲养了一只鹦鹉。

根据以上情况，侦探马上指出了谁是罪犯。

那么，罪犯是谁？现场留下的火柴究竟意味着什么？

31. 满船财宝

当了海盗的基德船长，掉转“冒险号”的航向，驶向红海。在红海狭窄的入口处有佩利姆岛。“冒险号”停靠在该岛背后隐蔽起来，伺机捕获猎物。

第三天，猎物终于出现了，是一艘两根桅杆的穆尔船。这是一条来往于印度、阿拉伯、非洲之间的伊斯兰教徒商船。

基德将全体部下集合在甲板上，宣布了自己的决定。

“今后，凡是在我们眼前出现的船都要捕获，诸位，有异议吗?”

尽管没有用海盗的黑话，但当船员们听懂了他的意思后，立刻扬起一片欢呼声，以前的不满情绪一下子烟消云散了。

“诸位，现在出现在海湾的那条穆尔船，就是我们的第一个猎物。以前我们的运气不佳，现在只要捕获眼前的这条船，我们“冒险号”就会金银成山，要想成功还要靠大家的努力。

穆尔船见“冒险号”的桅杆挂着英国国旗，丝毫没怀疑是海盗船，径直朝这边驶来，打算进入佩利姆港。

当对方船驶进射程之内时，船长基德立刻下令开炮，令其停船。

穆尔船发觉是海盗惊慌失措，忙用侧舷的几门大炮还击。可能是过于惊慌，6门大炮射出的炮弹老从“冒险号”的桅杆上空飞过，落到小岛的海滩上。

“哈哈哈，愚蠢的穆尔船员，好吧。让我们来教教他们怎么打炮，只瞄准甲板和桅杆，但不要把它打沉了，开炮!”

基德的命令一下，“冒险号”一齐开火。穆尔船的甲板受到重创，桅杆折断，炮弹也打光了，只好乖乖地投降了。基德船长率领全副武装的部下一齐拥到穆尔船上。

他们俘虏了全体船员并清查了船上的货物，都是从印度的戈亚开往阿拉伯半岛麦加。为伊斯兰教运送的货物，如此说来肯定有很多光彩夺目的金银珠宝。

可是，翻遍了船舱，只有绸缎、香料及砂糖，扒光了船员的衣服进行搜身也没发现金银珠宝的影子。

“怎么会没有呢？一定是藏到什么地方了。船长，如果不说实话，就把你们全杀掉！”

基德将穆尔船长及水手长等5人倒吊在桅杆进行拷问。

“不凑巧，这条船上没有财宝。我敢用全体船员性命担保，如果有的话，会全部献给您。没装财宝是我们双方的不幸。”穆尔船长意识到死神将至无可奈何地说。

“真倒霉，遇上这么个没油水的破船。”

满心期待着赫赫战果的基德船长大失所望，无奈只好掠夺了船上值钱的财物，然后一赌气放火烧了船。

“冒险号”为获取新的猎物又扬帆起航了。

穆尔人纷纷从燃烧的船上逃进海里，拼死向岛上游去。可能是炸药发生爆炸，眼看船被炸毁沉没。

基德船长站在“冒险号”的船头用望远镜观察着。

“糟了，我们被那个穆尔船长给欺骗了，马上向小岛返航。”他慌忙大声命令舵手返航。

他带领全副武装的部下，乘小舢板登上海滩。那些幸存游上岸的穆尔人正好在集合，基德用枪把他们驱散后，将他们掩藏起来的财富掠夺一空。

那么财宝究竟藏到哪里了？

海盗基德是如何发现财宝的？

32. 幽灵人

在一个深夜，警察 A 正在巡逻时，突然在一个漆黑巷子的转角碰到了一个戴着太阳眼镜的人。由于他的举止很怪异，所以警察 A 便向前去询问。而那名男子却突然抽出一把刀，往警察 A 的腹部刺入后逃逸。

警察 A 负伤追赶，并拔出腰际的手枪警告他说：

“不要跑，再跑我就要开枪了。”

子弹打中了他的右腿，那名男子弯了一下膝后又继续跑。警察 A 又开了第二枪，这次又击中了右腿腿腹。

但那名男子仍然跛着脚继续逃跑，并在转角处消失了。

几分钟以后，B 巡警听到声音也赶到现场。过了不久警车也来了，但在附近搜索却没找到犯人。

沿着犯人的脚印去找，也没有发现血迹。这名男子难道是没有脚的幽灵吗？

33. 夏夜的怪盗

夏夜，女怪盗梅琦潜入G博士家的庭院，准备趁机进入屋内。但过了1个小时，一楼书房的灯依然亮着。“可恶，博士到底要看书看到什么时候嘛？还不快去睡觉……”

梅琦有点焦躁了。

手脚被蚊虫叮得很不舒服，所以梅琦边用手挥蚊子，边喃喃自语：“要是喷些防蚊液就好了。”

午夜1点左右，书房的灯终于熄了。

博士好像上二楼了。等到二楼卧房的灯也熄了之后，梅琦从书房的窗户溜进去，打开抽屉，拿出博士的研究论文。接着，拿出照相机翻拍。

完成后将论文归位，悄悄地从窗户离去。

当然，没留下任何包含指纹在内的证据。

然而，3日后，团侦探来到梅琦的住处。

“潜入G博士家偷拍博士研究论文的是你吧？”

他直截了当地询问。

“才不是呢！你有什么证据吗？”

梅琦佯装不知。

“你的血型是B型RH阴性吧？”

“没错！那又怎么样？”

“B型RH阴性，2000人当中也找不到一人，非常罕见。而在G博士家的院子里发现了这种特殊血型，真是巧啊！”

听团侦探这么一说，梅琦吓了一大跳。那夜在院子里，并没有受伤或流鼻血，为什么自己的血会留在院子里？到底什么地方失误了呢？

34. 证据何在

在开发美国西部的年代，一个夏季的黄昏，有棵枯树上绑着一名牛仔，他脖子上被 3 根牛皮绳勒住，窒息而亡。警方推定死亡时间为下午 4 点左右。被捕的嫌疑犯用提出的时间、地点及见证人等证明，在牛仔死亡时他不在现场，可是有人推断牛仔确实是被他杀的。你知道这是怎么回事吗?

35. 运钞车失窃案

装着3亿日元现钞的现金运输车在以往的行车路线上行驶，突然一辆轿车从旁边窜了出来，挡在运输车前面不动了。是发动机熄火了。

开车的是个二十四五岁的年轻女子，只是她一个劲儿地拧动钥匙试图发动车子，可就是打不着火。运输车慌忙向后倒车，可后面传来刺耳的鸣笛声。一时间，道路堵塞，喇叭声四起，简直围困得没有立锥之地。

约摸7分钟后，那女人的车总算发动着开走了。运输车上的保安人员也如释重负地舒了口气开动了车子。

到达目的后，保安人员打开运输车后箱的门锁，欲取下装着3亿日元的保险箱，糟了，装现钞的保险箱不翼而飞，出发时明明装在车上，看来只能认为是在刚才那7分钟时间里被窃的，可是究竟是怎么被盗的呢？

36. 越狱的囚犯

囚犯萨姆被关在监狱的单人牢房，可就在一天深夜，他用线锯的细锉刀锉断窗户的铁栏杆越狱逃跑了。

在萨姆被关在单人牢房期间，从没接受过外部送来的东西，虽然他的妻子常来探监，但只是在会客室隔着窗玻璃用电话交谈，传递线锯是不可能的。而且，他在被关进单人牢房时接受过严格的搜身检查。

那么，囚犯萨姆是如何搞到线锯的呢?

监狱长在查看牢房被锉断的窗栏杆时，见窗台上有鸟粪，便看出了名堂。

37. 郁金香的秘密

电视演员七小姐在出外摄影旅行之时，将珠宝藏在自家卧房窗台上的植物盆栽底部。因为，若是放在保险箱中，更容易引人注目。

但是，一个春天夜晚，七小姐正在旅行途中，女怪盗梅琦悄悄潜入，手持电筒，从庭院透过窗户往内照。

“啊，那盆郁金香有点奇怪，是假花，里面一定藏有贵重物品。”

溜进屋里后，真的从盆底找出许多珠宝。

猜一猜，那盆郁金香与其他郁金香有何不同？

38. 智慧犯罪不留足迹

有一天早晨，团侦探在住宅附近的公园散步时，发现一位年轻女性仰卧死亡。她是被无护手的细长的25公尺长武术刀刺中左胸而死亡的。想必在被武术刀刺中之后，还走了不到两三步，随即毙命。

然而，奇怪的是，尸体方圆25公尺以内，只留下被害人的高跟鞋迹，却并无犯人的足印。由于才下过雨，所以高跟鞋迹很清楚地留在柔软的地面上。公园之外是草地，所以未留足印。

刀鞘并没有遗落在其他地方。难道是被害人拿着抽出来的武术刀刺进自己的胸部自杀？不可能。

而且，他也不认为犯人会拿着25公尺长的棒子，绑上武术刀，刺杀被害人。

手持那么长的棒子，很容易引人注目，被害人也会注意到而逃走。

犯人使用什么技巧刺杀被害人呢？

真是怪事件，连团侦探也得再三思考了。但当他注意到凶器武术刀没有护手时，立即识破犯人运用的杀人妙技了。如何推理？

39. 自吹自擂的垂钓者

有个好自吹自擂的私人侦探。

“昨天，我在池塘钓鱼，一个刺客偷偷从背后过来，正要用匕首刺我。这时，我从池塘的水面上看到了他的身影，便迅速挥起鱼竿朝后抡去，正好鱼钩勾住了那家伙的脸，那家伙嚎叫着逃走了。”

听了此话，他的朋友不相信，说道：

“纵然你是个名侦探，这种事也不可能吧？”

那么，是为什么呢？

40. 审黄狗

唐代著名诗人王之涣，在文安县做官时，受理过这样一个案子。

30 多岁的民妇刘月娥哭诉：“公婆去世早，丈夫长年在外经商，家中只有我和小姑相伴生活。昨晚，我去邻家推碾，小姑在家缝补。我推碾回来刚进门，听着小姑喊救命，我急忙向屋里跑，在屋门口撞上个男人，厮打起来，抓了他几下，但我不是他的对手，让他跑掉了。我进屋掌灯一看，小姑胸口扎着一把剪刀，已经断气。”

王之涣问：“那人长的什么样子？”

刘月娥说：“天很黑，没看清模样，只知道他身高力大，上身光着。”

“当时你家院里还有别人吗？”王之涣又问。

“除了黄狗，家里没有其他人了。”刘月娥答道。

“你家养狗几年了？”

“已经养 3 年了。”

“那天晚上回家，你没听见狗叫吗？”

“没有。”

这天下午，县衙役在各乡贴出告示，县官明天要在城隍庙审黄狗。

第二天，好心的人们蜂拥而来，庙里挤了个水泄不通。

王之涣见人进得差不多了，喝令关上庙门，然后命差役把小孩、妇女、老头轰出庙去。庙里只剩百多个年轻力壮的小伙子。王之涣命令他们脱掉上衣，面对着墙站好。然后逐一查看，发现一个人的脊背上有两道红印子，经讯问，是刘月娥的街坊李二狗，正是他行凶杀人。

王之涣这次破案与审狗有什么关系呢？

41. 爱鸟家之死

一个孤身老人死在杂木林深处的一幢别墅里。一天后才被发现，死是因为过量服用了安眠药。因为留下一份字迹潦草的遗书，被认定为自杀。

发现尸体的是死者的亲戚，一个多年未曾登过门的男子突然来访。

室内有很多鸟笼，小鸟不知道主人死去，都在欢快地啼叫着。

“这位老人3年前当了爱鸟协会会长。”发现者这么介绍说。

“如果那样的话，肯定是他杀，遗书也是伪造的。”刑警果断地下了结论。

那么，刑警为什么断定为他杀？

42. 名探法布尔

事情发生在昆虫家法布尔住进南洲赛里尼岸村埋头执笔完成《昆虫记》全集十卷期间。

夏季的一天下午，他正在院子里观察蚂蚁的生活状态之际，乡村派出所的巡查骑着自行车飞奔而来。

“法布尔先生，这么热的天还这么热心地在研究昆虫。您认识葡萄园主贝鲁纳先生吗？”

巡查跳下自行车，摘下帽子擦着汗水说。

“虽然没见过面，但听人们说过他，他是位钱币收藏家吧。”

“那位老爷的爱好奇特，专门收集不能再用的旧钱币，有什么趣儿呀。另外，还在书房里饲养了一只猫头鹰。那种令人讨厌的鸟哪点让人喜欢呢？可是，今天早晨，那只猫头鹰被杀了，并且剖开了腹部。”

这位巡查坐到了树荫下，继续说了起来，他真是个能侃的警官。

“昨天晚上贝鲁纳先生家里来了一位客人，是巴黎来的，叫丁巴罗，他也是钱币收藏家，是来鉴赏日本古钱币的。正当二人在书房互相谈论自己的珍藏品，互相鉴赏之际，丁巴罗发现带来的日本古钱币丢了 *3* 枚。

“是被窃贼盗走了吧？”

“不是的。书房里只有他二人。肯定是贝鲁纳这位老爷偷的。丁巴罗也是这么看的，但追问贝鲁纳时，贝鲁纳却当场脱光了衣服，赤裸裸地主动接受检查。当然是搜不到钱币的。在书房内搜个遍也没有找到。”

这位警官仿佛自己当时在场一样绘声绘色地说着。

法布尔仍在埋头观察蚂蚁的队列。

“贝鲁纳偷的时候，丁巴罗没看见吧？”

“是的。他正在用放大镜一个一个地欣赏着贝鲁纳的珍藏品时，没有任何察觉，不过，那期间贝鲁纳这位老爷一步也未离开过自己的书房。也没开过窗户，所以，偷去的银币不会藏到书房外面去的。”

“那么，当时他在干什么？”

“据说是在鸟笼前喂猫头鹰吃肉。这点，丁巴罗是眼睛的余光看见的，不会错的。先生，猫头鹰会吃生肉吗？”“它是吃小鸟和老鼠的，可是，那银币究竟有多大？”

法布尔先生走到巡查跟前也坐了下来，看上去对这个案件也产生了兴趣。

“是长 3 厘米宽、2 厘米的长方形银币，共 3 枚。再能吃活物的猫头鹰，也不可能把这种东西吃进肚里的吧。再说，贝鲁纳老爷也不会自己吞进肚里藏起来呀……”

“收藏迷只要见到自己想得到的东西，是会不择手段要弄到手的。”

“可是，先生，如果将银币吞进肚子里怎么才会取出来呢？又不是西瓜籽，也不会变成大便呀。只能剖开肚子取出来。再怎样的收藏迷也绝不会冒着剖腹的危险去偷窃的。”

“那也倒是的。”

“于是，丁巴罗总觉得猫头鹰可疑，一定是那鸟吞了银币，主张剖腹查看。这样，贝鲁纳老爷却反问其如果杀掉它而找不到银币又怎么办？能让猫头鹰再复活吗？”

“这可遇上难题了。”

“被他这么一说，倒使丁巴罗为难了。当夜死了这份心，上二楼客房休息了。但今天早晨一起床，就下决心，将那只猫头鹰杀掉剖开腹部。”

乡村巡查说到这儿停了下来，观察法布尔的反应，而法布尔仍在埋头观察脚边草地上的螳螂。

“可是，连银币的影子也没见到。”

巡查接着又说了下去。

“贝鲁纳一定会勃然大怒的吧。”

“反而意外地平静。据说这倒以此证明自己的清白，显示出绅士的风度。”

“那么，是不是换了一只猫头鹰啊。”

“不，是同一只猫头鹰。丁巴罗也很精明，临睡前，为了不被贝鲁纳发现，悄悄地剪短了几根羽毛。并且在今天早晨杀猫头鹰之前还对照检查过。认定没错之后才剖腹检查的。”

“真是细心呀。”

“否认了猫头鹰没有吞食之后，那么，3 枚银币到底还会掉到哪儿呢？又不能认为在猫头鹰肚子里溶化……真是不可思议。丁巴罗也无可奈何，最终还是跑到派出所报了案。所以，刚才我去贝鲁纳的住宅勘查时，看到了猫头鹰的尸体。”

巡查说。

看来他是为了自己负责的这个案件，专门来求教于法布尔的。他想，从法布尔这个生物知识渊博的先生这里一定会得到收益的。

“先生，您对这个案件是怎么想的？”

性急的巡查催促着。

法布尔抓起螳螂又抛向天空。

“回答很简单。贝鲁纳利用猫头鹰的习性巧妙地藏银币，大概就是为此目的才饲养猫头鹰的吧。”

于是，告诉了他那个巧妙的手段。

“的确会是那样的，……我马上去训斥贝鲁纳，让他把银币交出来，先生真不愧是位杰出的学者，非常感谢。”

巡查戴上警帽站起身来，跳上自行车急忙返回贝鲁纳的住宅。

那么，名侦探法布尔是如何推理的？

43. 谁是告密者

在某别墅，一个单身女子被杀。凶手是一个叫田中的人，他用刀将女子刺死逃走了。被害人在断气前不知为什么连叫了好几遍："凶手是田中，凶手是田中……"由于该别墅坐落在林中，而且门户紧闭，喊叫声无法传到外面，所以，被害人怎么喊叫凶手的名字也没用。

次日，尸体被发现，警察勘查现场后，马上断定凶手就是田中。那么究竟是谁告的密呢？

44. 食兔中毒案

史密斯在家里举办了一个烤肉晚餐会。同事汤姆带来了一只活兔。美食家史密斯非常高兴，马上当场杀了活兔，扒了皮，整个地烤起来。客人见状都感到有些令人可怕，无人敢吃。

“没有比这肉更鲜的了，可是……”

史密斯一个人狼吞虎咽地美食了一顿。

然而，几个小时以后，他却突然死去。警察的调查结果查明了是阿托品中毒致死。阿托品是茄种类植物中所含的毒素。

因史密斯吃了兔肉，当然汤姆是嫌疑对象。

“我作为礼品送给他的是只活兔子，是史密斯亲自杀掉做的菜。所以，我不是凶手。”

汤姆辩解说自己是无辜的。

然而，实际上他就是真正的罪犯。

那么，投毒的手段如何？

45. 项链失盗案

一天夜里怪盗斯班化装成贵族青年出席了在 M 伯爵夫人的别墅举办的一次酒会。M 伯爵夫人很喜欢狗，经常喜爱地将长毛小白狗放在膝盖上抚弄着，那是条长着长毛的室内犬。今天夜里夫人也是同样抱着小狗兴致勃勃地与 3 个女士一起聊天的，中心话题是演员米赛尔的那条珍珠项链，说是从前玛利·安多阿内特王妃曾用的项链。

米赛尔将项链从脖子上摘了下来，放到桌子上向大家炫耀。但正在这时，突然停电，室内一片漆黑。就在众人惊慌之际，一分钟后，天花板上的吊灯又重新亮了起来。室内恢复了光明。

可是，就在同时，米赛尔发出了刺耳的尖叫声。

“啊！不见了，我的项链……”

放在桌子上的珍珠项链不翼而飞，是停电期间被谁盗走了。当时，斯班等一些男士在另一间房子里。勿容置疑，罪犯无疑是桌子周围的 3 名女士。

“即使互相怀疑，问题也得不到解决。我们 3 人还是请米赛尔小姐搜身的好，这样可以证明清白。”

在 M 伯爵夫人提议下，3 人当场让米赛尔搜身进行检查。然而，3 人都没藏在身上。当然，室内找遍了，没找到。因为窗户插着插销，不可能仅一分钟的停电空隙开窗扔到室外。如果打开窗户，不仅可以听到开窗的声音，还会吹进风来。并且，停电期间 3 个女士谁也一步没离开过桌子。

怪盗斯班却冷静地注视了这场闹剧。在米赛尔报警之前，悄悄地将 M 夫人叫到房间的角落处耳语几句。

“M 伯爵夫人，罪犯就是你哟，你再装傻否认也无济于事，我是非常清楚的，利用停电作案，可谓精彩的表演。明天我再来取被盗的项链，如果你说个不字，我马上就去报警。”

听到斯班的这一番话，伯爵夫人脸色变得惨白。

那么，M 伯爵夫人把珍珠项链藏到哪里了？

46. 暴露的罪行

从东南亚回国的洋一，从机场径直回到自己的寓所后，便躺到床上休息。这时，女朋友久美子来了。

“怎么啦？那么没精打采的。”

“去国外旅行累的。”

“是在国外又见异思迁了吧？”

“别开玩笑，还是让你看看这个吧。”

洋一从口袋中拿出一盒奶糖。

“这每颗奶糖中，藏有一颗钻石。我把奶糖开了个洞，再将钻石埋到里面，一共 *6* 颗。大概值 *5000* 万日元呢。”

“在机场没被海关发现吗？”

“怎么能被发现呢，一看是糖，连检查都不检查。”

“可怎么将钻石取出来呢？”

“放到嘴里，糖一化了钻石不就出来了吗，带钻石的糖可是甜着哩。”洋一得意洋洋。

久美子见此突然改变了注意，她在咖啡里掺了毒将他毒死，然后携钻石逃走了。当然，没留下任何证据。

洋一的尸体，翌日被发现。*3* 天后，久美子也很快被逮捕了。

当时，她正在医院。诊断后正在等结果时，急救车赶来，将她护送到某场所后，刑警说：“你以毒杀小林洋一的嫌疑被逮捕了。”

“有什么证据说我是凶手？”久美子问道。

“这个，就是证据。”刑警将她的病历递过去。

她一看病历，吃惊得昏了过去。这是为什么？

47. 10 分钟移动方法

有一天，团侦探查出了女怪盗梅琦藏匿的住处，特别前往拜访。

“上星期天，你到高原的别墅去了对不对？有目击者可以作证，你想要打马虎眼狡辩的话，是过不了关的。”团侦探逼问。

梅琦说道：

“是啊！我是去了，在高原上的饭店住了 3 天。怎么啦？”

“星期六晚上，B 社长的别墅有蒙面怪盗侵入，偷走了社长夫人的珠宝。那怪盗就是你吧？”团侦探紧追不舍。

“才不是呢？事件发生在几点？”

梅琦不在乎地问道。

“那天晚上，B 社长夫妇因为有事，连夜外出了。蒙面怪盗侵入之后，偷取了珠宝。正待逃脱之时，却被仆人碰个正着。于是，这蒙面怪盗用绳子将仆人绑住，关在地下室。根据仆人的证词，那时候大概是 8 点半。”

团侦探还是咄咄逼人。

“那样的话，我有不在场证明。那天晚上，我在高原饭店一楼大厅与人会面，是 K 大学的一对教授夫妇。”梅琦从容地说道。

“几点到几点？”

团侦探不松口。

“8 点 40 分到 9 点半左右。如果不相信，可以去问教授夫妇呀？”

梅琦随机应答。

“犯人离开 B 社长的别墅时是 8 点半。用这 10 分钟的时间，到达饭店也并不是绝对不可能呀！?”团侦探反击。

“可不能这么说唷！从那栋别墅到饭店，有好长的一段路呢！这么远的距离，走路的话，通常得花个30分钟吧?”

梅琦见招拆招。

“嘿！你很了解B社长的别墅嘛?”

团侦探又将了一军。

“报上刊载了珠宝窃盗事件，我很有兴趣，特别到那栋别墅看了一下。而且，事件发生当晚，别墅至饭店的道路发生土崩，无法通行。”

梅琦说道。

这件事，团侦探事先也调查确认过。

“但应该还有别条路能够通行，比如穿越稻田或牧场也可以啊?”

“事件发生当天，一直下雨，稻田、牧场一片泥泞。男人也许还可以，像身为女性的我，怎么可能走在那种泥泞路上呢?”

梅琦幽幽地说。

“即使如此，还是有其他方法能够在10分钟之内从别墅回到饭店吧？据我所知，你不是很会骑马吗?”

“哦……”

“B社长对骑马也很有兴趣，别墅的庭院里就有马房和一匹马。”

“那么，你是说我偷走了那匹马，骑着它，在10分钟之内逃回饭店?”

梅琦讽刺地反问。

“仆人一小时后挣脱绳索，报警后检查别墅四处，马好像还在马房内吧?”

“这么说，马没被偷?”

“为了慎重起见，我还会到马房检查看看，也许能找出你逃走的技巧。反正你得有心理准备。还是把偷走的珠宝还回来吧！”

只要侦探拆穿她的脱逃技巧，梅琦就无条件归还珠宝。

各位读者，她到底利用什么方法，只花*10*分钟就从B社长别墅回到饭店？

另外，团侦探在马房中发现了什么，识破了梅琦逃逸的技巧？

48. 为什么被毒蜂蛰死

一个女人死于停在路旁的车中，车内有一只大蜜蜂在嗡嗡地飞。

这是一只身上带着黄色的塞浦路斯蜜蜂。一定是毒蜂蛰了额头致死的，但是，无论再怎么毒的蜂，只被一只蛰了一下，人就会当即送命吗？

实际上，这是巧妙利用蜜蜂的杀人伎俩。那么，罪犯使用的是什么手段呢？

49. 大蜘蛛网

一个夏日的白天，在一幢独门独院的别墅里，一个单身生活的推理小说作家死在一楼的浴室里。腹部、胸部多处被短刀刺伤，并被泡在浴盆里而死。

然而，作案现场却在二楼的卧室。被害人遭到罪犯袭击时，进行过激烈的抵抗。羽绒被子被撕破，白色的羽毛散乱整个房间，血迹也四处飞溅。可能是罪犯为了在作案时间上搞鬼，才把尸体拖到浴室，泡进热水里后才逃走的。验尸的结果，推断死亡时间为前一天下午 *3* 点至夜里 *10* 点期间。所以离死亡时间有 *7* 个小时的误差，就是因为尸体被泡在浴盆的热水里而不知水的温度的缘故。

而到现场勘查的江户警部发现了院子里的树枝上挂着大大的蜘蛛网，蜘蛛网上又挂着五六片白羽毛。那颗大树正好在杀人现场的窗户下面。

“那些挂在蜘蛛网上的羽毛是怎么回事？大概那是个大蜘蛛网吧……”

警部问鉴定人员。

“那是羽绒被子里的羽毛。在二楼卧室遭到罪犯袭击时，大概是被害人想从窗户逃脱，打开窗户的。因此，被撕破的被子里的羽毛飞散出来，从窗户飘到外面挂到大蜘蛛网上。”

“发现尸体的时候，那窗子也开着吗？”

“不，是关着的。可能是凶手逃走前关上的吧。”

“不错。这样就明确作案时间是昨天夜里。这个季节，*7* 点钟左右日落，所以作案在7点以后。”

江户警部果断地断定说。

那么，理由何在？

50. 逃离危机

一天夜里，女怪盗梅琦偷了一辆大卡车逃逸。这辆大卡车中满是美术珍品。

然而，在逃脱途中，卡车被卡在等高线处动弹不得了。

卡车上的货柜箱只要低个 1.5 公分，即可从桥下通过。但这个货柜箱是正方形的，即使横放，其高度也一样。“此时也无法倒车逃逸……没办法，只好弃车了。”

正当梅琦决定放弃时，突然心生一计。

数分钟后，她驾驶卡车，平安通过等高线逃走。她到底使用了什么方法？

51. 金块在哪里

女怪盗梅琦计划窃取金店地下金库的100公斤金块，藏在轿车内，然后连车一起运往国外。

团侦探得知这个情报，立刻通知警方。

刑警随即赶往海港，在梅琦的车上船前加以扣押。

“干什么嘛？这部车里又没装什么？”

梅琦抗议。

但再怎么搜，也没发现任何金块的踪影。连轮胎和座椅全都卸下来仔细检查，仍然一无所获。刑警们非常沮丧。

“看吧！连不确实的情报也能通知警方，害得各位白忙一场。哈哈哈……”

正当梅琦发出嘲笑声时，团侦探赶来了。他看了车子一眼之后说道：“你们在搜哪里啊？黄金不正在你们眼前吗？”

“没有呀？”

“我们已彻彻底底搜查过了。”

刑警们纷纷叫屈。

团侦探告诉了警方，黄金藏在何处。

“梅琦小姐，真可怜，这些黄金全部没收。我看你得受到惩罚了。不过，由于还不确定这些黄金是不是从金店偷出来的，所以还不能定你盗窃罪。”

“可恶！只差一步就成功了……”

梅琦很懊恼。

请问，女怪盗梅琦到底将100公斤的金块藏在车子的什么地方？

52. 悲惨的高利贷主

被称为“守财奴”的吝啬的高利贷主，在某日夜里被持枪歹徒枪杀，保险柜中的巨款被洗劫一空。死者胸部挨了两枪，但更残忍的是，胃也被刀扎得乱七八糟。碎尸，是仇杀或情杀常见的案件，但这种情况大都是发生毁容或挖去阴部。

然而，此案的凶手为何只割破了被害人的胃呢？刑警颇为不解。

如果是你，该如何解释此案之谜呢？

53. 雪夜作证

冬季的一天夜里 9 点多钟，在某村发生了一起杀人案。

那天从早晨开始下雪，一直下到晚上 8 点，积雪有 15 公分厚。

经过一夜的搜查，结果找出了住在邻村的一个男性嫌疑犯。当第二天早晨刑警问他昨天夜里不在现场的证明时，那个男子作了如下回答：

“你瞧，我是一个人过日子，没有谁能给我作证的。我昨晚一直在家，8 点左右雪停了，我便烧了洗澡水，9 点左右我正舒舒服服地泡在澡盆里。我家是用木柴烧热水的，非常舒服。”

可是，刑警连洗澡间也没进，马上识破了这个家伙的谎言。

那么，你说为什么？

54. 沙粒的证词

冲绳县有个离台湾很近，位于石垣岛西南 6 公里海面上的竹富岛。岛上只有 120 多户人家，被指定为西部国家公园，四周海景非常美丽。

星期六早上，在这个岛南海岸的海滩上，露营中的摄影师被发现陈尸此处。死者好像是被钝器般的物品敲中脑部，死于白沙滨。海滩上似有留下死者与犯人打斗的痕迹。推定死亡时间为前晚 10 点左右。

被害人为了拍摄珊瑚礁，3 天前独自前来此地露营。

被害人借来的游艇不见了，但隔天在石垣岛的海岸边被发现。犯人好像乘此游艇逃到石垣岛。

搜查结果，涉嫌重大的疑犯浮出台面。他就是住在绳本岛那霸市的业余摄影师金城幸二，从犯罪现场的帐篷上查出他的指纹。

于是，警方向他询问不在场的证明。

“星期五晚上直到隔天，我都在那霸市。因为得了感冒，所以整天在家里睡觉。

“上星期，他到冲绳岛幺满海岸露营时，我曾当他的助手。”

“你杀死被害人后，便搭乘游艇逃回石垣岛。因为石垣岛有飞机场，你又搭乘飞机回到那霸市。如此一来，星期六你就有在那霸市的不在场证明。”

刑警如此逼问。

“别怀疑我啊！事实上，竹富岛我连一次也没有去过呢！”

金城幸二自始至终自陈清白。

为求慎重，刑警要求监视班支援，彻底搜查金城的房间。搜查结果，从衣橱里的长裤、衬衫中发现极微量的沙，成为破案的关键。

到底此极微量的沙怎么会成为决定性的证据呢？

55. 简短对话

这是件凶杀案，一个外交官在机场被刺杀。嫌疑犯伊特被捕。审讯记录送到探长手里。记录上写着：

“星期一上午8点钟左右，你在飞机场的咖啡厅喝咖啡？”

“是的。”

“你没看见当时和你隔开一个通道，相距不过5米远的那个人被刀刺死？”

“没看见。我当时正在读当天的晨报。”

“咖啡厅的收银员记得你，你当时显得匆忙。你给了她一张大钞，却没等她找你钱。”

“我得赶飞机。”

“你注意了时间，却没注意到那人胸口上插了把刀子？”

“也许看到他，但我没正眼仔细瞧过。”

“你没听见他要几片面包？”

“我记不得了。晨报上《周末文艺》栏上刊登了一篇非常精彩的推理小说。等我读完，发现纽约的飞机马上就要起飞了。”

探长听到这儿，自言自语道：“说谎是要受惩罚的？”显然，探长看出了罪犯的破绽。

聪明的读者，你也看出来了吗？

56. 属实的证词

102 室的老人被人用刀刺死，数万元现金丢失，时间约晚上 7 点半左右，住在 103 室的夏某被认为嫌疑最大。他向警方说：“不可能是我。那天有 4 个朋友来玩，可以证明我一直在厨房做饭。”那 4 人还证明说：“确实不是他。我们 4 人下午在打麻将，吃晚饭时还一起看了新闻：是××主持的，内容有……”经与有关电视台核对，完全属实，后来案破了，夏某被捕，那他如何作的案呢？

57. 燃烧的无人岛

日本是神话之国，有一则击退山上大蛇的故事。

“古事记”中记载，天照大神，日本神话中奉为日皇的祖先的弟弟苏沙是个粗鲁的人，所以被赶出天界，下放至日本国的肥之川。

由于河川的上游有筷子流下来，想必那儿一定有人居住。于是苏沙前往查看。结果发现，偌大的屋内，一对老夫妇拥着一位美少女哭泣。

他上前询问。

“我们夫妇有8个女儿，但山上的大蛇每年都要来吃掉一个女儿。现在我们就只剩下这个女儿了。今年，大蛇出现的时间又到了，一想到仅存的女儿就要被大蛇吃掉，叫我们怎么不伤心……”

老夫妇悲叹着。

“是什么样的大蛇?”

“那是一条一个身体，8个头，8条尾巴，身体长到可以在8座山峰加8个山谷上翻滚的怪物。”

粗鲁的苏沙一听，立即暴跳起来。

“好，交给我，我来处置。”

他请老夫妇准备了8坛酒。

苏沙背着酒坛，出发到了大蛇居住的地方，将酒坛开封，酒香四溢。大蛇马上跑出来喝了。等大蛇的8个头喝醉之后，他切下它的胴体及尾巴。

此时，从尾巴弹出一把锐利的大刀。苏沙认为这是神剑，准备以后献给天照大神。此即呼风唤雨剑。

杀死山上大蛇的苏沙和老夫妇的女儿结了婚，到隐岐岛度蜜月。

隐岐诸岛中有个平坦又狭小的无人岛，岛上一株树木也没有，全部被草所覆盖，就像是一条大棉被。

苏沙将舟靠岸，携新婚妻子登陆。他们在岛中央，以草坪为卧铺，不怕被人看见地结为夫妇。

由于旅程劳累，不知不觉就睡着了。

不知睡了多久，苏沙被新婚妻子唤醒。这时已经日暮，北风吹来。叫人吃惊的火焰从岛的北侧熊熊燃烧过来。

事实上，山上大蛇的喽啰们为了报老大被杀之仇，遂从岛的北侧点枯草放火。

火随着北风吹过来，再这样下去，苏沙和妻子就要被烧死了。

不巧，舟停靠的岸边是岛的北侧，现在已经来不及乘舟逃逸。岛的东西及南方是断崖，四周的海里都是吃人鲨，所以也不可能跳海逃生。野火就快要吞噬整个岛了，眼看就要没命了。

但不愧是天神下凡，苏沙随即化危机为转机，从死神手中救回妻子。

请问，苏沙使用了什么技巧？

58. 财产的诱惑

杰米应一位富家女之邀，和她的堂姐以及堂姐的未婚夫——一个外科医生，4 人一起到郊外的别墅野餐。

富家女的双亲都已去世，由她继承了巨额的家产。她的身材小巧轻盈，到达别墅后，他们在庭院的草地上野餐。

他们带了 3 个大篮子，里面装满食物。吃饱后，篮子没收进别墅中。杰米和堂姐谈天时，富家女和外科医生一起进了别墅。好久也不见他们出来。于是堂姐进屋去时，外科医生从另一边的森林中出来了。他一身泥巴，在摘野草莓。杰米问他富家女在哪里？他说在屋里。

然而当他们 3 人进屋去时，却无论如何找不到富家女，而且门窗都是从里面锁住的。

杰米找来找去，只在走廊上捡到一块防水布片，3 人很失望地将野餐用具收拾整齐，把大篮子放回车上，离开了。

后来警方进行了仔细的检查。但除了在浴室里有一点血迹外，实在找不出什么来。

富家女“失踪”了，你能解开这个谜吗？

59. 登山家之死

北阿尔卑斯山飞弹山脉的穗高岳溪谷，一位女登山者的尸体被发现了。她背着背包，埋在溪谷的残雪中。死者头骨凹陷，像是被落石击中，翻落溪谷身亡。

死亡大约一星期了，左手戴的手表是数字式手表，至今仍像随着心脏鼓动般跳动着。脸部埋在残雪中，几乎没有腐坏，非常素净，一点脏也没有，鼻梁很挺直，是25岁左右的女性。

“每个山中小屋，为登山者所设，都没有求救信号。判断这位女性大概是一个人上山。这么说来，一定是登山老手。”

年轻的救难队员说道。

“不，这位遇害者是生手，对登山不太了解。她大概想一个人攀登穗高岳。也可能不是单纯的意外事故，而是他杀。犯人故意带她前来此处，再制造山难死亡的假象。这个犯人也没什么登山经验。”

经验老道的登山老手救难队长如此断定。

理由何在?

60. 神秘的死亡

一日下午，臭名昭彰的黑社会头目，在其私人海岸别墅遇害。他在沙滩行日光浴时，竟被海滩伞柄刺穿腹部。

一名守在他身边的保镖，这天因为有事外出，过了一个小时才回来，发现老大横尸沙滩上。保镖观察现场，发现沙滩上非但没有凶手的足印，就是被害者的足印也不见一个，更无其他蛛丝马迹了。

负责侦查这件离奇命案的名警官叶华德，发现被害者的庭园的桌椅东倒西歪，于是叶华德不徐不疾开腔道：“天网恢恢，疏而不漏”，既然人治不了他，那就只有让天来惩罚他了。”

叶华德得意地引用中国格言，巧妙地把案件给破了。

究竟老大如何被杀了？

61. 逃走的车号是……

丰田市是日本制车业的有名据点。发明自动纺织机的丰田佐吉在此地设立汽车工厂，开始生产是在*1938*年。本来称为举母市，*1959*年因丰田汽车之故，改称为丰田市。

就在丰田市，有一天夜晚，一辆联结车撞倒骑脚踏车的学生后逃逸。

虽然是深夜，还好有两位目击者。

其中一人说肇事车辆的车牌号是*9453*。

另一人说是*6837*。

证词完全不同，侦查人员有点伤脑筋。

随之，侦查人员突然注意到一件事，采用两人的证词进行搜查，结果找出肇事的车辆，逮捕了闯祸的司机。

那么，肇事车辆的牌号是多少？

此肇事车辆的车牌号码没有伪装。

62. 慌不择路

间谍杜比奉了上级之命，潜入敌方和情人柏加联系。正当二人接头之际，突然出现了一批便衣警察，把杜比拘捕了，原来柏加是双重间谍。

杜比被警察带到一座12层高的大型建筑物的地下室。这座建筑物是仓库，很寂静。一个警官对杜比说："我们将秘密处死你。"他拿出了一个定时炸弹，放在杜比脚下说："两小时后，你便被炸得粉碎。"

警察已离去，室内只留下了反绑着双手的杜比，他发现手中绳索很容易解脱，但是觉得全身软弱无力，昏昏欲睡，原来空气中弥漫着迷药，他终于入睡了。

当杜比醒来时，发现离计时炸弹爆炸只有5分钟，他挣脱手中绳索，不及细想就跑往窗口，好在窗门没有锁上，他立即开窗跳出去，随即而来的是声惨叫。次日，工人们在报纸上看到一段新闻："某国旅客意外坠楼丧生。"

奇怪，杜比怎么会"坠楼"而死呢？他不是被带往地下室的吗？

63. 圆脸与长脸

日本的星野健太郎从自家的窗户缝里目击到邻居家发生的一起凶杀案。因为凶手在通过窗户窥视的星野眼前闪过好几次，所以星野清楚地记得那个人的长相。

星野在向来调查的刑警描述目击时说凶手是一个细长脸的男人，而日后去自首的凶犯却是圆脸，并非细长脸。

难道是星野目击到的人不是凶手吗？

64. 给骡子接生

某养马场丢失了一匹名驹，经过调查，附近的一个农民嫌疑重大。在审问中，他提出了他不在现场的证明。他说：“昨晚，我一直呆在家里，刚好我养的骡子要生产，我彻夜没睡，守在旁边，怎么会去偷马驹?”请你判断他的证言能成立吗?

65. 自杀？被杀？

在一所豪华别墅里，警方发现了一具女尸，看来是别墅的女主人。死者是一名20岁的女子，在死者的身边有一封遗书，是用挥发性很强的笔所写的。遗书的内容是说死者做人已心灰意冷，不愿生存，所以用手枪自杀，时间是3天前的中午。

到场的警探小心地检查现场各种东西，又用那支笔试写了一些字后，认为死者不是自杀，是被人杀死后，才搬到这里，现场是假象，警探是根据什么线索这样推测的呢？

66. 掉入陷阱的男人

养蜂人小西五郎，每年一到初夏，便会追逐花草的开放，驾驶捕蜂车，载着蜜蜂箱到北海道来。

今天他也在富良野盆地的草原上，打开巢箱捕蜂。

去年巢箱的蜂蜜被熊吃掉了，所以今年他在熊出现的路上挖个大洞做个陷阱，防止巢箱再度被袭。

挖洞时，由于不知熊何时会来袭，便将猎枪放在附近的草丛里。

当野兽掉入此陷阱，脚会被紧紧束住。即使熊再有力，也逃不出去。事实上，他小时候就曾经不小心落入这种陷阱，所以知道其威力之强。

陷阱终于做好了，他在草地上坐了下来。

这时候，背后森林中走出了两位男子，说要借火点香烟。但当他将打火机交给对方时，这两人突然向他推挤过来。他掉落陷阱。

这两名男子其实是杀人犯。

“哈哈！正好有捉熊的陷阱。你的捕蜂车我们就接收啦！快逃！”

两人进入小西五郎的车内，吃起车上现有的食物。

突然，车门被打开。

“手举起来？反抗就开枪？”

小西五郎手持猎枪命令。

原本一脚被夹住，动弹不得的他，到底怎么逃出陷阱的？

67. 三角恋

这节车厢坐着两个姑娘丽丽、菲菲和一个狩猎者，看来，两个姑娘都喜欢这位青年猎手；而猎手似乎更喜欢丽丽。

想不到，这天夜里，发生了一件不幸的事故。当时，车厢里的人都昏昏欲睡。猎手紧抱着猎枪，迷迷糊糊的。丽丽起来，准备去厕所，刚转身，突然一声枪响，子弹打中了她的右脚。

侦探到急救室探视一番后出来，对菲菲和猎手说："还好，只伤了一只脚，那只鞋打坏了，医生请你们给她送只鞋去。"

菲菲赶紧找出了一只右脚鞋，向急救室走去。侦探叫住她："不用去了。是你故意打伤她。"

侦探为什么这样说呢？

68. 不翼而飞

有兄弟三人，他们有个共同的爱好——收藏。老大喜欢收藏古玩；老二喜欢收藏邮票；老三喜欢收藏书籍。他们有一个巨大的玻璃柜，大家都把珍品放在柜中互相欣赏。这个柜的钥匙放在一个很精致的小钱箱中。

有一天，老二带了一个老同学回家，准备让他欣赏自己最新收藏的一张稀有的邮票。

老二当着老同学的面，从钱箱中取出钥匙开柜，拿出邮票给同学欣赏。老同学也是一位收藏家，他对那张邮票爱不释手，央求老二高价让给他，老二不舍得，老同学只得释手。老二又小心翼翼地把邮票放回柜中锁好。

次日，老二又想取出那张邮票欣赏，但发觉邮票已不翼而飞了。而柜锁完好。于是立即报警，警方在现场找不到一丝线索，因为凡是应该留下指纹的地方，都被抹掉了。虽然如此，根据推断，邮票是老二的老同学偷去的。

你们知道警方是根据什么推断的吗？

69. 找出手枪

说到种子岛，由于枪支由此传入日本，成为有名的地方。

1543 年，借由漂流至此岛的葡萄牙人之手，首先将火绳枪带进日本。岛南端的门仓岬上建有纪念碑。

在西之表市，有一位喜欢当周日木工的男子，他是服务于市公所的谷口三郎，他把自家的旧仓库改成工作室，热衷于制造有趣的家具。

有一天，同事大林明夫来这里玩。两人正一起工作时，突然，仓库内传来枪声。

这时，正好谷口的妻子在庭院锄草，听见枪声，吓了一跳。跑进仓库一看，丈夫胸部中弹，已经断气。

大林明夫愕然地站在旁边。

“大林，是你杀死了他?”

谷口太太问道。

“不，不是我。有个蒙面人进来，突然朝谷口开了一枪之后逃逸。”

“胡说，枪声响起时，我正在庭院，根本没有人从仓库跑出去。犯人就是你，你是因为向我丈夫借钱不成才下毒手的。”

“如果你怀疑我，请尽管搜身。我根本没有手枪啊!”

还好，骑脚踏车巡逻的警员也听见枪声，赶了过来。他立即检查了大林的全身，连室内也仔细地搜寻，但就是找不到手枪。

电钻、铅管、老虎钳等工具散落四处，就是没发现手枪，也没有从窗户往院子里扔的形迹。

但犯罪现场只有大林明夫，所以他一定是凶手。

那么，他到底将手枪藏在哪里呢？

70. 杀人事件

位于本州最北端，下北半岛的恐山是日本三大灵场之一。

火山凹地形成的湖泊边满是只有岩石的荒野，四处弥漫着烟雾及蒸气。

其荒凉景象，令人联想到通往地狱之路。

每年 7 月 20 日，会从东北各地聚集瞎眼的女巫前来此地，进行招魂。

所谓“招魂”，就是应想供养死者的人之请求，女巫通灵，招来死者的灵魂，将死者想说的话，借由自己的口，传达给生者知道。

当仪式结束，秋风开始吹起时……

有一天早晨，青森市内的公园发现了一具男尸，好像是被刀子般的刃物刺腹身亡。但不知为什么，右手指尖却在地面上划出如同“卍”字的符号。

死亡时间判定是昨晚 11 点左右。

上衣口袋里有身份证，被害者是服务于青森市公所的山田一郎，29 岁。

刑警走访市公所，询问一位与被害人感情不错的同事。这位职员回答如下：

“山田有一位妹妹。去年，他妹妹因失恋而自杀。由于没有留下遗书，山田想调查到底是哪个男人让妹妹失恋，但却一点线索也没有。上个月，他到恐山去，想请女巫招魂。”

“什么？请女巫……”

“女巫招来妹妹的灵魂，问起让她失恋自杀的男子姓名。这时，女巫在恍惚状态下，喃喃地说出憎恨万字？卍？万字符号。”

“万字……”

刑警想起被害人在公园地面写下的卍记号。

“这么说来，山田先生以卍记号为佛教之意，或者代表寺庙，因而认为导致妹妹自杀的男子和佛教有关……”

被害人的同事回答。

专案小组于是展开调查。仔细搜查被害人的住处，发现他的记事本中有关于妹妹交友的记录，其中有两位男子姓名上加注“卍”记号。

寺本清二，青森市苹果园主人的次子。

小野寺明彦，中学老师，弘前市人。

被害人可能以此两人为重点对象，严加质问的结果，反而被对方杀害。

“可是，警官，这两人的名字里都有寺这个字，怎么知道哪一个是犯人呢？”

年轻的刑警比较两个名字，歪着头说道：

“这个是犯人？”

警官立即指出犯人的名字。

到底谁是犯人？

理由何在？

71. 糊涂侦探

说到萨摩藩，自镰仓幕府时代，即任命岛津氏守护。至明治维新废藩置县，成为鹿儿岛县之前，历代由岛津家担任藩王。

关原一战乃是日本德川势力掌权的关键之役。当时虽说萨摩藩加入西军，作战失利，但胜者德川家康还是无法拿下这个日本最南端的诸侯。

而且，260年之后，更借由萨摩藩出身的丁乡隆盛之力，使德川幕府崩坏。

真是力量强大的藩。

以下就是有关萨摩藩的事件。

有一夜，一个江户出身的密探潜入诸侯家中——萨摩潘的江户宅邸。

这位密探躲在天花板的隔板偷窥。

糟糕，那不是岛津殿下正在和家老说什么秘密话吗？如果真是这样，也许是颠覆幕府的阴谋。

他们一点也不怕被偷听地大声交谈。

然而，这位密探最后还是放弃偷听。

“很可惜，没取得情报。”

他向上司报告。

到底这位密探为什么窃听失败？

72. 温泉杀人事件

别府是日本有名的温泉乡。

尤其是红色热泉的“血池地狱”、如海般清澈透明的“海地狱”、间歇温泉的“龙卷地狱”、喷出热泥的“坊主地狼”等，是最受欢迎的观光路线。

在这个温泉胜地，一个小雪纷飞的寒冬夜里，离 K 旅馆不远的大浴场发生了一桩枪杀事件。

大浴场以玻璃为隔屏，以便眺望屋外景色。

夜宿客几乎都睡着了。

宽广的浴槽中，一个住客被枪杀，背部中了一枪毙命。

现场还有另一位男客，对前来搜证的刑警做了如下的供词：

“我正在洗头，听见玻璃门打开，不知道谁走进来，随之听见一声枪响，吓了一大跳。由于正好头泡在水里，所以没看清凶手的真面目。不过，从玻璃的反射，隐约看见是戴太阳眼镜的人，脸的下半部用布盖着。才一瞬间，犯人立即逃离现场。”

刑警仔细聆听。

“喂，你要编剧情也编得高明一点嘛？事实上，你就是犯人吧？”

为什么？

73. 血溅沙滩

彼得躺在郊外海岸的沙滩上，离他5米远的地方，有一把红色的海滩伞，伞下有一对男女在嬉闹。隔着伞看不到他们的人，只听到声音。

不一会儿，一切都平静下来，忽然又传来一阵嘈杂的音乐，是从录音机中传出的，过一会儿就停了，一个青年男子从海滩伞下走出来，走入海中游泳。在沙滩的左边是海岬，这时，海滩伞下有女人在呼叫，男子于是朝岸边挥了挥手，然后游远了。

不知过了多久，睡着的彼得被一阵不知是男是女的叫声惊醒，看到一个男子从伞下跑出来。他戴着一顶夏天的白帽子，麻料的衣服，打着蝴蝶结。脸上还戴着一副很大的太阳眼镜，并蓄了胡子，这人走后不久，游泳的男子回来了。他身上滴着水直走向海滩伞，然后就听到他大声叫："杀人了！"

那女子已被人勒死了。

事后经调查，彼得看到的蓄胡子的男子是那女人的情夫，于是他便成了杀人嫌疑犯。但他又有不在现场的证明，这是怎么一回事？

74. 冒牌的领赏人

两天前，一个蒙面大盗抢劫了特利多银行并杀死了两名出纳员。一个警卫发现劫匪持枪的右手有一块伤疤。于是，警方在一小时之内驾车用高音喇叭在全城 50 英里范围的各交通要道口头通告劫匪的特征，悬赏 5 万美金缉拿劫匪。深夜，警方接到一个匿名电话，据以采取行动，捕获了劫匪。

5 万美金谁来领，面对大批领赏人，他们个个都坚持自己是匿名报信者。为此，底特律警察局请哈莱金博士帮助甄别真伪。

第一个申请者是肯帕斯，他非常自信地讲述其告密经过：

“我弟弟卡尔刚登上 51 路公共汽车，车站喇叭就传来了缉拿通告。卡尔在后排落座后，只见一个右手带疤的男人坐在中间。那人侧过身子隔着通道对另一边的一位红发女郎说，‘我在第一站下车，然后去底特律。’卡尔的耳朵不太灵便，不过他可以从口型上判别他说什么。他看见那男人递给红发女郎一张条子，上面写着：‘两天后按此地址找我。’纸条最后被女郎揉成一团扔在车上，卡尔在终点站将它拾起，回家后就让我密报警方，喏，就是这个。”

“这正是凶手被捕获现场的地址，可惜是从报纸上抄来的。”哈莱金说：“叫下一个。”

卡帕斯的表述在哪儿露出了破绽？

75. 从哪里开的枪

某国一间谍夜间被人杀死在房内，身中两枪。次日晨，侦破人员到现场勘查，房门紧锁，没有来人进入房内的迹象；玻璃窗上有一破洞，但上面已结满蜘蛛网；房内虽有只手枪，经验证决不是自杀。请问，凶手是从什么地方开枪的呢？

76. 嫁祸于人

松本决心自杀，结束身患癌症的生命。为了能使家属得到他的人寿保险金，他必须伪装成他杀。于是，他在一座桥上用手枪对着头开了一枪，倒在木桥上，又按事先的计划把枪处理掉了。按常理，自己枪击头部，会立即死亡，不可能自己把手枪丢掉。你知道他用了什么方法吗？

77. 干掉心腹之患

高中时代的恋人松原突然出现在歌星山口关春菜面前。他手里晃动着高中时给山口关拍的全裸照片，不怀好意地恐吓道：

“你可是今非昔比红起来喽，攒了很多钱了吧。可我还像以前一样一贫如洗，打那以后父亲死了，我一天干到晚，没日没夜的。”

看到松原落魄的穷酸相，春菜内心一阵难过。可是，全裸照片一旦被公开，自己明星的生涯就完了，而如果给他钱，将来他还会无休止地来要钱。既然如此，也只好让他死了。

春菜将松原骗进车库，让他坐到助手席上，并趁其不备用榔头将其杀死。作案后，她将车开到一段没有过往行人的山路上，自己下车后让车继续向前翻入谷底。这样就造成一种假象：松原擅自借用春菜的车行至山道上时因方向盘失灵而跌入谷底。

然而，数日后春菜以杀人嫌疑被捕。当时并无目击者，警方是如何破案的呢？

78. 摔死之谜

深夜 *11* 点，住宿在东京车站附近的 H 旅馆 *999* 室的一名男子，穿着睡衣从 *9* 楼的救生梯上掉下来，摔死在 *30* 公尺下的路面上。由于，走上救生梯的门已由里面上了锁，所以这名男子不可能是自己跳楼自杀，也不像是喝醉了酒或迷迷糊糊的状态下摔下去的。

因此，很明显，这是一个他杀的案件。其实，凶手就是那名向被害者借了很多钱未还的男子。

但是，当警方第二天将那名男子逮捕时，却发现他当时正坐在 *22* 点由东京开往广岛的快车上。因此，有充分的不在场证明。

而这个坐在已经开了一个小时的行进中的列车上的犯人，究竟是用什么方法，使被害者在晚上 *11* 点，从旅馆的救生梯上摔下来呢？

请你揭穿他的不在场证明。

79. 凶手是飞人

凶杀现场是在一幢楼中的一个房间里，除尸体背部有刺穿的伤口外，现场没有留下任何外人闯入的痕迹。

警方推断被害者是被窗户对面那一栋楼里的人杀死，但两楼之间却有 *30* 米长的距离，没有理由认为被害者是被长矛之类的凶器刺死的。

现在请你想想，凶手是使用什么凶器？

80. 父亲的遗书

有一个父亲死在医院里，两个儿子正要平分遗产。

这时离家出走的那个一天到晚胡作非为的小儿子却跑回来了。

他手中拿了一张信纸说：

“老头的遗产全部都要给我，这就是他写的遗嘱。”

纸上用原子笔笨拙地写着，“我所有的财产都将给你，你一定要善加运用。”

另两个儿子异口同声地说：

“这个像蚯蚓似的拙劣字，决不是父亲的笔迹。”

“这是因为，老头儿是躺在床上拿着原子笔写的，所以字迹当然较不整齐。”

那个为非作歹的儿子说。

而这个遗书，究竟是真是假？

81. 鞋上的泥

奥地利的一位政界人物在多瑙河一带失踪。警方通过分析与那人有关的政敌，传讯了一个涉嫌者。审讯一开始，涉嫌者就说自己最近一直在首都维也纳，没有去过别的地方。

一位精明的警察注意到涉嫌者的鞋上粘着泥土，粘得很紧，看得出原是一种泥。他取下泥土，进行分析。经用显微镜观察发现泥土中夹杂着一些形状奇特的小点，估计是花粉，便请来花粉专家进行鉴定。鉴定证实，那些小点确实是花粉，是桤木和松树的花粉，另外还有一些是*3000*万年前的植物花粉。这些花粉，唯独维也纳南部一个人迹罕至的水涝地区才会有。

在事实面前，罪犯只好如实招供了谋杀罪行。警方在水涝地区找到了被害者的尸体。

令人不解的是，在那个罪犯的鞋泥中，怎么会有*3000*万年前的花粉呢？

82. 古人类壁画

失业青年伯蒂整天想着发横财。一天，他找到哈莱金博士，兴奋地说：“您听说过发现了洞穴人在山洞里画的壁画吗？可是我的同事塞巴斯在西班牙的一个农庄发现了更无与伦比的史前期古人类壁画。”说着，伯蒂递给哈莱金 3 张照片，并介绍说：“这几幅壁画，是塞巴斯钻入差不多 4000 英尺深的暗洞才拍摄到的。”

第一幅是一张长毛犀牛图；第二幅的画面是猎人在追赶恐龙；第三幅是一张奔驰的猛玛图。

“买下那个农庄得花多少钱？”哈莱金不动声色地问。

“要是卖给美国佬总得 5 万元吧。”伯蒂说，“不过您只需花 1 万元就可以获得 30% 的股份。”

“您是说 30% 毫无意义的股份吗？”哈莱金说，“我一分钱也不会给你？”

为什么？

83. 案情扑朔迷离

洛杉矶市C公司经理的儿子被人拐走的当天，经理接到一个电话："请准备好*100*元的旧钞票*1000*张，明天上午用普通邮包寄出。投寄地址是……"歹徒告知了地址和收件人姓名后，威胁道："如果你胆敢事先查对这个地址，或者把收件人姓名告诉警方，那你的孩子的性命就难保了。"

不知所措的经理不敢去报警，而把这件案子委托给私人侦探阿谢尔进行秘密侦察。

阿谢尔化装成一个百科全书推销员来到歹徒所说的收件地址附近进行调查，结果发现歹徒所说的街道确实存在，但门牌和收件人姓名却都是假的。

难道歹徒不想要这笔巨额赎金吗？那么，谁又能按照假的地址、姓名收到赎金呢？阿谢尔经过缜密思索，识破了歹徒的真面目，报告了警方。警方逮捕了那个歹徒，并救出了被禁的孩子。

84. 足纹之谜

一个雷雨交加的深夜，杀手偷偷地跑进 A 公寓的 508 号室，将一名熟睡中的女人杀死。并伪装成上吊自杀的样子。

被绳圈勒住脖子的尸体，脚离地大约在 50 公分。杀手将化妆台边的椅子倒放在死者的脚下。那是一张外面用牛皮包住的圆椅，圆椅倒在了地上。

这样一来，就变成是那名女子把这椅子拿来垫脚而上吊自杀的。

但第二天，尸体被人发现后，公安人员仔细检查了尸体，又环视了一下整个房间，最后把目光落在了牛皮包住的圆椅上，公安人员仔细检查了那张椅子后就说：

“这决不是自杀，而是他杀。”

他一下子就看出了破绽。

那么，那个杀手究竟是犯了什么错误呢？请你想想看。

85. 遗书和日记账

有一对夫妻，两人的感情并不太好。丈夫因为手头上有困难，为了要诈领妻子的保险金，便将妻子杀害再伪装成自杀的样子。当然，连遗书也是他伪造出来的。

其实遗书是由他的女友所为的。但如果警方一旦将遗书与其日记账相比对，就会发现笔迹不同，而立刻看出遗书是伪造的。

因此，他把太太的日记账，也全都叫其女友再写一次。这么一来就和遗书的笔迹完全相同了，再也不必担心被人识破。

但是，警方在检查过遗书和日记账之后，就立刻看出遗书和日记账都是伪造的。

你知道这是为什么吗？

86. 揭穿伪证

林肯在担任律师期间，曾为一起谋财害命案的被告人辩护。原告方面的福尔逊提出证据说：10月18日晚上10点钟，在月光下清楚地目击了被告用枪击毙了死者。

林肯问：“你发誓说认清了被告？”

福尔逊答道：“是的，我发誓。”

林肯问：“你在草堆后，被告在大树下，两处相距二三十米，你是如何认清的呢？”

福尔逊说：“因为月光很亮，正照在他的脸上。”

林肯问：“你能肯定在11点钟吗？”

福尔逊答道：“完全肯定。我回屋看了表，那正是11点15分。”

林肯听完，冷笑着对法庭和陪审团说：“现场已充分证明，这个证人作的是伪证。”

福尔逊在什么地方露出了破绽？

87. 搭乘者的真面目

4 个劫匪刚才抢了银行，乘一辆黑色轿车逃跑了。莫纳汉警长驾车追捕，路遇一个小伙子拦车，他只好让他上了车，接着急驰。小伙子从旅行包中掏出一块巧克力，掰开一半递给警长，说：“我等了 1 个多小时，只有你乐于助人。在追什么人吗?”

“是的，追 4 个抢劫犯，你看见了吗?”

“嘿，”那青年兴奋地说：“10 分钟之前我见到一辆黑色轿车，车上正好 4 个人，我想搭一下他们的车，可他们却发疯一样向我撞来，我只好躲到树后，看见他们狂笑着擦树而过，向左转朝西去了，不是朝北。”

警长于是急忙把车转入左边岔道。青年如释重负，警长却疑惑的望着他，转换了话题：“你看这太阳多毒，就算在树荫下气温恐怕也有 38℃。”

“肯定有。”青年附和道：“喂，等一等，您开过那个路口子，您要往哪儿开?”

“去警察局。”警长调侃着掏出手枪。

警长为何不去追捕劫匪却逮捕了这个乘客?

88. 颈斑帮破案

大学生东山和西本住在同一幢公寓但不同的房间。

在某个星期天的上午 *10* 点左右，西本到东山的房间去聊天。两人正在比腕力时，突然西本却因为心脏麻痹而死亡。

东山吓得想立刻叫救护车来，但又害怕被人怀疑是自己杀的。

所以就让尸体躺在那儿，等待夜晚的来临。半夜 *1* 点，他见到公寓里的居民都睡着了。东山就搬起西本的尸体，把他放到西本自己的房间里。并让他俯卧在床上。

这么一来，别人就会以为西本是在自己的房间里，因为心脏麻痹而死亡。

“这具尸体死的时候决不是这样的。而是在死后大约十五六小时，有人将它搬成这样的。”

警方一下子就揭露了真相。

然而，这是为什么呢？

89. 干冰之谜

一位左腿被截肢的老人吊死在寓所里，一天以后才被人发现，尸体距地板大约80厘米。如果是自杀的话，应该有凳子一类垫脚的物件，可是没有。老人只有一条腿，他无论如何是不可能跳起来把绳子套在自己脖子上的。因此，警方断定是他杀。

那位老人在死前两个多月曾投了高额人寿保险。从现场看，门是从屋里锁上的，完全处于一种与外界隔离的密室状态。保险公司怀疑，死者是为了把保险金留给他的独生女而伪装成他杀。于是，委托库尔·拉姆侦探事务所进行调查。

小个子名探拉姆立即来到警察署查阅了现场检查记录。他发现，在死者的尸体下面有一个空的纸制包装箱。并认为老人不可能踩着空箱子上吊；如果箱子里装着水，踩上去就塌不了；已经一天多了，到现在冰也该化了。可是，箱子和地面又没有潮湿的痕迹。换气扇虽然开着，但水也不可能在这一天多的时间里就完全干了。这一判断警方也不能接受。拉姆却认为这一判断是正确的，老人是把自杀伪装成他杀。

那么，死者到底是踩着什么上吊的?

90. “收起你这一套吧！”

在北京东郊的使馆区，S 国使馆引人注目。一天夜晚，一位头发卷曲，皮肤黝黑的人来到使馆门口。哨兵上前做了个示意对方站住的手势：“先生，请出示证件？”来人睁着一双迷惑的眼睛，摊开两手，表示他听不懂。哨兵从上衣口袋里掏出一个证件的样本，在来人面前晃了晃，用英语重复了一遍。来人似乎听懂了，摸了摸衣袋，用手比划着，叽里咕噜地说了一阵外语，像是说：“我的证件忘在办公室了，而现在有个紧急会议必须马上进 S 国使馆，你看怎么办呢？”

哨兵冷静地打量着对方，略一思索，说：“既是这样，那就请进去吧。”

“站住！”哨兵突然大喝一声，抢上几步挡住了对方：“收起你这一套吧！”伸手向来人的脸上一抹，原来这肤色是皮鞋油涂的。

哨兵是怎样识破来人真面目的？

91. 奇怪的犯人

警方逮捕了一名涉嫌参与某杀人案的男子。

于是便立刻让他作测试试验，但是不管检验师问他什么问题，他都很平静地回答说“我不知道”。由于没有任何特殊反应，所以检验师便判断他是清白的。

但是，经过后来所搜集到的物证，证明这个嫌疑犯就是凶手。

那么，为什么测谎机会测不出他的谎话呢?

原因并不是因为机器故障。

92. 列车停靠失窃

在一列从南方开往北京的特快列车上的第 *10* 号硬座车厢里，相对坐着 *4* 位旅客。他们的目的地分别是徐州、济南、德州和北京。列车在南京站停靠 *13* 分钟，*4* 位旅客都有事离开了自己的座位。*13* 分钟后，列车启动继续北行。这时，一位去北京的旅客，突然发现自己的公文包丢了，里面有 *200* 元现金。

丢失公文包的旅客说："列车靠站之前，公文包一直放在行李架上，后来我到办公室问有没有卧铺，回来发现公文包没有了。"

去徐州的旅客说，列车停靠时，他到 *10* 号车厢去看望同事了；去济南的旅客说，他下站去活动了一下身体；去德州的旅客说，他那时正好上厕所解手去了。乘警听完 *4* 个人的叙述，交换了一下眼色，耳语了几句，对其中一个旅客说："请你到办公室来一趟。"

试问，被带走的是哪位旅客，有什么可疑之处？

93. 小偷和手枪

山田警察是射击比赛中的金牌高手。

一天晚上，他正在巡逻时，发现7人一组的小偷，翻墙逃出。

“喂，等一下，再逃我就开枪了。”

他一面叫，一面很快地拔出装有6发子弹的旋转式手枪。朝着他们的脚，一人一发。

被射中的小偷们一个个地倒下，而其中有几个人趁着山田警官在装填子弹时驾车逃走了。

而究竟有多少个小偷逃走了呢？

94. 电话引爆

一天夜晚9时左右，贝尔博士正在华盛顿郊区住宅的书房里看书，突然电灯熄灭了。他想，也许是电闸或电路发生了故障，过一会儿就会修复的，便走到窗前眺望夜空。就在这时，“轰”的一声巨响，传来了爆炸的声音，接着是“哗啦啦”房子倒塌的声音。贝尔开窗一看，离他仅百米处的一座房子发生爆炸，火苗还直往上冲。贝尔立即打电话报告消防队，消防车很快赶来了，火势很快被控制。

第二天，警察局的凯利警长前来拜访贝尔。他本是贝尔的老朋友。

警长告诉贝尔，昨晚的火是由煤气爆炸引起的。在火场中发现一具老妇人的尸体。经过解剖，她的健康状况良好，却在煤气爆炸前服用过安眠药。她卧室中有煤气管道漏气的现象。

“可能是用煤气自杀。”贝尔说。

“不过，”警长带着探索的口气说：“要是用煤气自杀，那煤气为什么会爆炸呢？这引起煤气爆炸的火头又是从哪里来的呢？在这房子里，既没有像定时炸弹之类的东西，又正好遇到停电，不可能因漏电而起火。现在有一个人值得怀疑，那就是被害人的侄子，老妇人的遗产继承人。被害人的主要财产是大量的宝石和股票，都存在银行里，连同他数量可观的人寿保险金和这所房子，都立下遗嘱全归她侄子继承。”

“既然这样，这侄子为什么还要谋杀她呢？炸了这所房子不是对他也不利吗？”贝尔对此感到不解。

“这房子在老妇人的遗产中，所占比例太小了。因事故而死，其所得人寿保险金，也比这房子的代价大得多。老妇人的侄子也许是想早日继承她的财产，而老妇人又是长寿型，很健康。然而，在这房子爆炸时的前后，老妇人的侄子都不在现场，而是在离现场 *10* 公里的一家饭店里。饭店的服务员已经证明了这一点；并说明他侄子在饭店里还打过电话，受话的对方好像是他的一个长辈。这样说来，其作案的可能性似乎被排除了。但为什么会发生爆炸，仍然是个谜。”警长解释道。

“你说他侄子在饭店打过电话？”贝尔问道。

“是打过电话，但与爆炸不会有什么关系。”警长说。

“很有关系，而且有直接关系。他侄子肯定是用电话引爆的，贝尔肯定地说道。

贝尔怎样分析判断的？

95. 菜单的诀窍

古罗马帝国的暴君莱洛，处心积虑地要除掉他的异母弟玻利塔，以消除对他皇位的威胁。他向烹调师透露了这意图，要烹调师利用一次晚餐的机会毒死玻利塔。烹调师了解了玻利塔的饮食爱好之后，安排了这样一份菜单：①鸵鸟蛋汤；②用小牛舌头做的肉圆子；③冰淇淋；④涂上橄榄油的柿子；⑤蘑菇馅的点心；⑥无花果干和葡萄干。

14 岁的玻利塔特别喜爱吃冰淇淋，一下子就吃了两大杯，又把盒子里的水果吃得一干二净。但不一会儿，他的脸色陡变，浑身上下不住地打颤，呼吸越来越急促，终于气绝身亡。

几天以后，烹调师来领赏。莱洛问他使用了什么毒药。烹调师答道："是从马钱树的树皮和种子里取出的番木鳖碱。它是白色的结晶，有苦味。少量服用能使精神振奋，用多了能使神经麻痹，全身激烈痉挛，以致窒息而死。"

"既然有苦味，为什么玻利塔毫无感觉地吃了下去呢?"莱洛感到不解，继续问道。

"那就是因为在拟定菜单上花费了一番心血。"烹调师得意地说。

你猜得出菜单的诀窍吗?

96. 谍报员的招数

秘密谍报员 *008* 号在某大使举行的酒会上发现大使不见了。于是他端着一个酒杯，装作一副喝醉了的样子跌跌撞撞地闯进大使馆的书房，发现大使正在写字台前阅读一份文件。大使对 *008* 号的出现有些措手不及，想把文件藏起来，又觉得那样反倒会引起注意，于是神态自若地放下文件同 *008* 号谈天。文件用的是打字机小型文字，即使 *008* 号眼力再好，隔着一张写字台也是无法偷看的。可 *008* 号就坐在对面的椅子上，过了一会儿，便清楚地看完了这份文件，他并没有使用间谍使用的特殊工具，而是靠他那双 *1.5* 视力的肉眼看完文件的。

你猜，他是怎么偷看文件内容的？

97. 停电 4 天之后

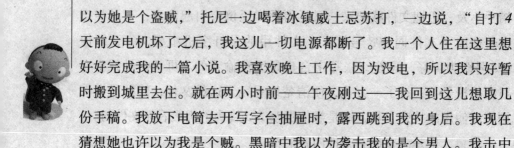

小说家托尼打电话请名探海尔丁立即到他寓所里来，他的女管家露西死了。海尔丁应召而至。托尼打开电冰箱的门，拉出一只冰盒。烛光中，海尔丁博士看到他往威士忌苏打中加冰块的手在发颤。“我以为她是个盗贼，”托尼一边喝着冰镇威士忌苏打，一边说，“自打 4 天前发电机坏了之后，我这儿一切电源都断了。我一个人住在这里想好好完成我的一篇小说。我喜欢晚上工作，因为没电，所以我只好暂时搬到城里去住。就在两小时前——午夜刚过——我回到这儿想取几份手稿。我放下电筒去开写字台抽屉时，露西跳到我的身后。我现在猜想她也许以为我是个贼。黑暗中我以为袭击我的是个男人。我击中了她，她倒在壁炉边扭断了脖子。我听说过你，所以就打电话请你了。”

“为什么？”海尔丁道：“如果你把我找来是想让我相信你编的故事，那么在警察审你之前，你最好把它好好再编一编才行。”

海尔丁凭什么断定托尼在撒谎？

98. 讲稿被偷拍了

太空总署的一位技师，搭上往返北美、西欧的一艘客轮，原准备在船上对前来参观太阳神火箭发射的旅客讲演，但由于涉及到机密而不得不取消。

技师和 5 名乘客共进晚餐，在席上谈论此事，说讲稿已经准备好，放在船舱中，却不能公开，实在遗憾。吃完饭回房时，发现船舱的门锁被打开了，桌上的讲稿一片混乱，机密文件让人给偷着拍照了。

涉嫌者是桌上的 5 个人，因为除了他们，别人不知道此事。

餐桌中乱了那么一阵。有一对船医夫妻，女的面前的热咖啡弄翻了，站在后面的印尼茶房赶忙把夫人的衣服擦干。但她却烫着手了，于是船医离座拿药，夫人则回房换衣服。一个年轻的小姐吃到了一半时去过化妆室，另 对夫妻也先走了一步，这技师是最后一个离开餐桌的。

但是，在彻底调查那 5 个人后，却发现没有一个人作案。

那么，是谁偷走了机密。

99. 两盆草莓

女模特艾伦这些日子正同来自远东某国的一位浪荡公子打得火热，她垂涎这位公子囤积的珠宝，一心想把其据为己有。但她发现，这位叫阿布卡的公子贪食超过了贪色，于是她想在餐桌上做点手脚。

这天晚上，旅馆服务员给这对野鸳鸯送来咖啡和草莓饼，阿布卡快要把自己的那份草莓饼都吞进肚子时，打了个嗝，眼珠翻了翻从椅子上摇摇晃晃地倒下去了。15分钟后，艾伦打电话找医生，惊动了正在这个旅馆住宿的名探柯道尔。艾伦把柯道尔请进了阿布卡的房间，阿布卡仍在昏睡。艾伦对柯道尔说，他在失去知觉前把自己那盘草莓饼都吃光了。也许阿布卡的那盘掺进了过多的药物，说着，露出一口洁白光亮的牙齿。

警方人员来到以后，柯道尔对警长说："如果阿布卡的珠宝被盗，艾伦的嫌疑最大。"柯道尔根据什么作出这种判断？

100. 弹壳在地毯上

刑事专家霍金斯旅行来到纽约，住进一家高级酒店二楼的一套客房。突然，从走郎传来女人的呼救声。他循声找去，在213房间门前站着的一个年轻妇女在哭喊着，从开着的门看到房间里一个男人倒在安乐椅上。对尸体作了简单检查后，确认此人刚死，子弹穿入心脏。

当地警察署也派人来了。那个年轻妇女边哭边说："几分钟前，听到有人敲门。我打开门时，门外一个戴面具的人，朝我丈夫开了枪，把枪扔进房间就逃跑了。"地毯上有一支装着消音器的手枪，左侧两个弹壳相距不远，在死者身后的墙上有一个弹洞。

霍金斯告诉警署人员："把这位太太带回去讯问。"

他为什么对死者的妻子产生了怀疑？

101. 走错了房间吗

刑事专家哈利早上在旅馆里醒来，洗漱完毕，打电话请服务员给送一份晨报和一杯茶来。

不大工夫，有人来敲门，哈利去开了门，一位服务员站在门口："早上好，先生。这是您的早餐。"

哈利说："我只要了一杯茶。你大概是弄错了，这儿是321房间。"

服务员说："对不起，打扰了，应该送到327号。"关上门走了。

不大工夫，又是敲门声。"请进。"门开了，一个男人走了进来："噢，你在这儿干什么？"哈利反问："你是谁？怎么可以在我房间里这样说话？"

那个男人不甘示弱："你在我的房间里干什么？你怎么进来的？"

哈利说："这是我的房间，321号。"

那男的看了看门牌，忙说："对不起，是我弄错了。"他退出门去，顺手关上了门。

第三次敲门，女服务员送来了晨报和茶。正在这时，只听门外有人喊；"我的钻石链丢了！"哈利一怔，马上冲出门去，大叫："快，抓住那个人！"

哈利要抓住谁？为什么？

102. 空罐头盒

在一幢简易公寓里，两个流氓打了起来。住在邻室的一位妇女听到后，立即给警察分局打了电话，警察埃德和琼斯很快赶到了现场。他俩破门而入后看到，其中一个流氓头被打破，已经死去。从伤口看，死于钝器猛击。可是，问到嫌疑犯萨姆，他拒绝回答。

在这间连像样的家具都没有的屋子里搜了半天，连个可口可乐瓶子都没找到。要说像凶器的钝器，只有一个空菠萝罐头盒子，而且还被压扁扔在地上。

“你是用这个罐头盒打他的吗？”警察问。

“笑话。你们相信这空罐头盒子能置他于死地吗？”萨姆摊开双手，做出若无其事的样子说道。确实，用这么一个空罐头盒，是不可能把一个大活人打死的。

据那位住在隔壁的妇女说，萨姆在案发后一步也没有离开过房间，而且也没有向窗外扔过什么凶器。那天，他到底用的什么样的凶器，又把它藏在哪儿呢？两位警察稍微考虑了片刻，相互会意地点了点头，琼斯突然把萨姆的胳膊扭到背后。埃德朝他的腹部猛击。萨姆因受到突然袭击，疼痛难忍，“咳，咳，咳……”地呕吐起来。

“怎么样，萨姆，还假装不知道吗？”埃德说着，指出了真正的凶器。

凶器究竟是什么？

103. 皇冠上的明珠

克娄巴特拉的皇冠上嵌有一颗名叫“埃及的眼泪”的珍珠。

一天早上，女王的一个侍女拖着王妹的一个佣人来禀报说：“女王陛下，她偷去了‘埃及的眼泪’，而且把它吞到肚子里去了。请陛下赶快发落。”女佣人拜伏在地，矢口否认。

“住口。”女王的侍女喝道：“刚才只有你一个人接近过放王冠的箱子，你准是趁我不注意的时候把它偷走了。”侍女用鞭子抽打了那女佣人几下以后，继续说道：“她的下身我都检查过，一定是被她吞到肚子里去了，请陛下下令把她的腹部剖开。”

“姐姐，”这时王妹走过来对克娄巴特拉说，“何须杀人呢？有个简单而有效的办法，就是让她多喝点醋，她就会泻个不停，珍珠不就随着泻下来了吗？”

女王觉得这倒是个办法，不妨试试。便下令把那女佣人单独关在一个房间里，给她喝了大量的醋。过了不久，果然大泻。可是，肚子都泻空了，也没见有珍珠出来。这时，女王像是意识到了什么，脸色刷地变色了，生气地说：“我让妹妹骗了。完了，再也没有别的办法了。”

你知道这是怎么回事吗？

104. 雨伞——凶杀武器

1978 年 9 月 7 日英国伦敦，一个男子匆匆忙忙地去上班，走在拥挤的人行道上。他的右大腿部被一个身材魁梧的人用伞尖刺了一下，上班后感到右大腿很痛，被送到医院，4 天后就死了。尸体解剖发现，在死者右大腿肌肉中，有一颗直径为 1.7 毫米的用白金做的小圆珠。这个小圆珠有两个微小的孔，小圆珠的中心是空的，容积约为 0.4 微升。在小孔附近，找到蜡迹。估计两个小孔本来是用蜡封死的，进入人体后，蜡化了，小圆珠里的东西流了出来。

经化验，小圆珠内装的是剧毒剂“蓖麻毒素”（Racin）。

那么，装有剧毒剂的小圆珠是怎么进入这位男子的大腿内的?

105. 伤天害理的嫂子

侦探卡拉德斯是个瞎子。正巧，他的朋友艾德也因猎枪走火伤了眼睛而双目失明。不久艾德患了重病，便让妻子把卡拉德斯接到家里，对他说：“我的好朋友，我大概要不久于人世了，我想写份遗书，拜托你保管，等我死后，你就按遗书把我的财产分配给我的妻子和我的弟弟。”说着，艾德就要妻子去取纸和笔来。艾德的妻子出去了一会儿，拿来了纸和笔。艾德便在纸上用力写下了他简单的遗书：“我死后，在我的遗产中分5000英镑给我的弟弟。”

写完之后，艾德便将遗书装进了一个信封，交给卡拉德斯。

一个月后，艾德病逝。卡拉德斯找来艾德的弟弟，亲手将艾德的遗书交给他。艾德的弟弟当场打开信封，里面却是一张白纸。

艾德的弟弟大为恼火，痛骂哥哥临死还要捉弄他。但卡拉德斯不相信，他拿过遗书用敏感的手指在上面摸了一阵，随即对艾德的弟弟说：“你不要骂你的哥哥，他没有错，而是你的嫂子干了伤天害理的事情。你看到的这份遗书虽然是一张白纸，但他上面分明写着你将得到5000英镑的遗产。”

为什么艾德的遗书会是一张白纸？卡拉德斯为什么说那白纸上写着要给艾德的弟弟5000英镑的遗产？

106. 两个嫌疑犯

绕地球一周的豪华客轮行至太平洋时，某日早晨，在船尾甲板上发现了一具女尸。死者是位名叫田中顺子的时装设计师，被匕首刺中身亡。

因为案发于浩瀚的太平洋上，所以凶手肯定还在船上，即使乘救生艇逃走，生存的希望也不大，所以……

实际上，船中有两个人有杀她的动机。

田中一郎——被害人的外甥，是其财产继承人，因赌博而债台高筑，正苦于偿还。

山本和彦——被害人的秘书，在航海旅行过程中，因贪污败露而被解雇。

根据上述情况，请判断谁是凶手。如能解此谜，就是名侦探。

107. 摔碎了的金鱼缸

大和郡山市盛产金鱼，数量为全日本第一，年产量约44万尾。

某个夏日的下午3点钟，从事金鱼研究的专家久我京介去朋友A氏家，一进门便大吃一惊，他的朋友A氏倒在临院的凉台上死了，看上去是头部被击打，脑后部渗出了鲜血。

在死者旁边有一个摔碎了的圆形金鱼缸，几条金鱼也已经死了。可能金鱼缸原是放在凉台的桌子上，当被害人遭到袭击而进行反抗时被碰掉在地上摔碎的。这个凉台是排水性能良好的水泥地面，并且正暴晒在盛夏灼热的阳光下。

久我京介报告了警察。刑警迅速赶到现场开始了搜查。“金鱼缸里流出来的水已经被太阳晒干了，可金鱼并没被晒干。这样可以说明金鱼缸摔碎的时间并不长。如果已经过了好几个小时的话，在阳光的直射下，小金鱼早已被晒得干干的了。”老练的刑警看着凉台上的金鱼说着。

搜查结果，刑警以有力的证据抓到了嫌疑犯。他是被害人的义弟。在作案当天上午11点钟左右，附近的人们偶尔发现他从被害人家的后门悄悄地溜了出来。可那之后，他有确实的当时不在作案现场的证明。

“4个小时前他离开现场，如果他是罪犯，摔落在凉台上的金鱼早应该被晒成鱼干儿了。”刑警这么嘟囔着。金鱼研究专家久我京介听到后开口道：“不，他使用了巧妙的手段使金鱼不致被晒干，那样就可以在作案的时间上做手脚，使自己当时不在作案现场的证明得以成立。”久我京介这样一针见血地撕破了罪犯的伪装。

那么，罪犯用的是什么手段呢？

108. 怪盗梅琦千钧一发

珠宝商H先生在自家书房饲养了各种金鱼。当H先生带领全家人出外旅行时，女怪盗梅琦潜入书房，从金库盗取50克拉的大红宝石。

当她要踏出屋子时，正好艾特警官持枪开门，走进屋内。

“梅琦！把手举起来！否则我要开枪了。”

“哦！艾特警官，你也持枪行抢啊！”

“别胡说！我是跟踪你过来的。我看你鬼鬼祟祟地潜入这里，就知道你又想做不干净的事了！真是老天有眼，世纪女怪盗梅琦终于栽了大跟斗啦！现在，快把红宝石拿出来！”

面对手枪，就算是身手矫健的梅琦，这时也莫可奈何了。

她乖乖地从口袋中取出红宝石，假装要交给警官，即“扑通！”一声投入旁边的大水槽。

这个水槽内有几条黄色斑点热带鱼游来游去，身长十五六公分。

“梅琦！你干什么？快捡起来！”

“想要就自己捡啊！”

梅琦窃笑着。

“好！你待在那儿别动。只要你敢走一步，我就开枪。”

艾特警官毫不犹疑地将枪口对准梅琦，左手放入水槽。即使衣袖湿了，也在所不惜，他拼命想拾起那颗红宝石。

但接下来一瞬间……

“警官大人，我先走了！拜拜——”

梅琦穿过警官身旁，从容逃走了。

为什么艾特警官没有开枪呢？

109. 12 个乒乓球的难题

有 *12* 个乒乓球，其中有一个不合规格，但不知是轻是重。要求用天平称三次，把这个坏球找出来。

110. 两张小纸片

Q 先生和 S 先生、P 先生在一起做游戏。Q 先生用两张小纸片，各写一个数。这两个数都是正整数，差数是 *1*。

他把一张纸片贴在 S 先生额头上，另一张贴在 P 先生额头上。于是，两个人只能看见对方额头上的数。

Q 先生不断地问：你们谁能猜到自己头上的数吗？S 先生说：“我猜不到。”P 先生说：“我也猜不到。”S 先生又说：“我还是猜不到。”P 先生又说：“我也猜不到。”S 先生仍然猜不到，P 先生也猜不到。S 先生和 P 先生都已经三次猜不到了。可是，到了第四次，S 先生喊起来：“我知道了！”P 先生也喊道：“我也知道了！”

问：S 先生和 P 先生头上各是什么数？

111. 两个机灵的朋友

菲德尔工长有两个聪明机灵的朋友：S 先生和 P 先生。

一天，菲德尔想考考他们，于是，他便从货架上取出 11 种规格的螺丝各一只，并按下面的次序摆在桌子上：

$M_{8}\times 10 M_{8}\times 20$

$M_{10}\times 25 M_{10}\times 30 M_{10}\times 35$

$M_{12}\times 30$

$M_{14}\times 40$

$M_{16}\times 30 M_{16}\times 40 M_{16}\times 45$

$M_{18}\times 40$

这里需要说明的是：M 后的数字表示直径，× 号后的数字表示长度。

摆好后，他把 S 先生、P 先生叫到跟前，告诉他们说：

“我将把我所需要的螺丝的直径与长度分别告诉你们，看你们谁能说出这只螺丝的规格。”

接着，他悄悄把这只螺丝的直径告诉 S 先生，把长度告诉 P 先生。

S 先生和 P 先生在桌子前，沉默了一阵。

S 先生说：“我不知道这只螺丝的规格。”

P 先生也说：“我也不知道这只螺丝的规格。”

随即 S 先生说：“现在我知道这只螺丝的规格了。”

P 先生也说：“我也知道了。”

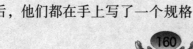

然后，他们都在手上写了一个规格给菲德尔工长看。菲德尔工长

看后，高兴地笑了，原来他们两人写的规格完全一样，这正是自己所需要的那一只。

问：这只螺丝是什么规格？

112. 传教士和野蛮人

三名传教士和三个野蛮人同在一个小河渡口，渡口上只有一条可容两人的小船。问题的目标是要用这条小船把这六个人全部渡到对岸去，条件是在渡河的过程中，河两岸随时都保持传教士人数不少于野蛮人的人数，否则野蛮人会把处于少数的传教士吃掉。这六个人怎样才能安全渡过去？

113. 大小灯球

《镜花缘》写了一个才女米兰芬计算灯球的故事——

有一次米兰芬到了一个阔人家里，主人请她观赏楼下大厅里五彩缤纷、高低错落、宛若群星的大小灯球。

主人告诉她："楼下的灯分两种：一种是灯下一个大球，下缀两个小球；另一种是灯下一个大球，下缀四个小球。楼下大灯球共 360 个，小灯球 1200 个。"

主人请她算一算两种灯各有多少。

114. 四个孩子赛跑

A、B、C、D 四个孩子在操场上赛跑，一共赛了四次——其中 A 比 B 快的有三次，B 比 C 快的也有三次，C 比 D 快的也是三次。或许大家会想到 D 一定是最慢。可事实上，在这四次中，D 也比 A 快三次。

这是怎样一种情况呢？

115. 国会竞选

国会议员竞选开始时，H 曾为参加或不参加竞选的问题发愁了很久。想来想去拿不定主意，最后他想，还是听命于天吧。于是向两位高明的算命先生 A、B 请教，他们分别作了回答。

A 讲完他的话之后，说：“我所说的有 *60%* 正确。”

B 讲完他的话之后，说：“我所说的只有 *30%* 正确。”

结果，他就依照 B 的占卦去办了。

为什么呢？

116. 耕地能手和播种能手

新德里郊区有个庄园主，雇了两个小工为他种小麦。其中 A 是一个耕地能手，但不擅长播种；而 B 耕地很不熟练，但却是播种的能手。庄园主决定种 10 公亩地的小麦，让他俩各包一半，于是 A 从东头开始耕地，B 从西头开始耕。A 耕地一亩用 20 分钟，B 却用 40 分钟，可是 B 播种的速度却比 A 快 3 倍。耕播结束后，庄园主根据他们的工作量给了他俩 100 卢比工钱。

他俩怎样分才合理呢？

117. 牛津学者的难题

随身带着20卷亚里士多德的书籍的牛津学者，向自己的同伴提出难题时，他说：

“不知什么缘故，我一直在思索用奇妙的咒符来防备瘟疫和其他凶祸的问题，这种极端玄妙的物件与幻方有关。但我昨夜发明的小小难题，对大家不会有太大的困难。不过，这道题，不需要太大的耐心。”

接着，学者拿出一个正方形，如下图所示。他要人们沿图上的直线裁开，分成四块，然后重新加以拼合，再一次得到正确的幻方，其每行、每列及两条对角线上的和数都等于34。

1	15	5	12
8	10	4	9
11	6	16	2
14	3	13	7

118. 泰巴的难题

也许，任何一个难题也没有像这道题那样激起这么多的欢乐，这是泰巴旅店老板哈利·裴莱提出的。他一路上陪着这一伙朝圣者，有一次他把同伴一齐叫来，说：

“我的可敬的老爷们，现在轮到我来稍微启迪你们的心智。我给你们讲一个难题，它会使你们大伤脑筋。但毕竟，我想你们最后会发现，它很简单。请看，这儿放着一桶绝妙的伦敦白啤酒。我手里拿着两个大盅，一个能盛五品脱，另一个能盛三品脱。请你们说说看，我怎样斟酒，使得每盅都恰有一品脱?”

回答这个问题，不许使用任何别的容器或设备，也不许在盅子上做记号。

119. 粗木匠的难题

粗木匠拿来一根雕刻着花纹的小木柱说：

“有一次，一位住在伦敦的学者，拿给我一根3英尺长，宽和厚均为1英尺的木料，希望我将它砍削、雕刻成木柱，如你们现在看到的样子。学者答应补偿我在做活时砍去的木材。我先将这块方木称一称，它恰好重30磅，而要做成的这根柱子只重20磅。因此，我从方木上砍掉了1立方英尺的木材，即原来的三分之一。但学者拒不承认，他说，不能按重量来计算砍去的体积，因为据说方木的中间部分要重些，也可能相反。请问，我在这种情况下怎样向好挑剔的学者证明，究竟砍掉了多少木材？”

乍一看，这个问题很困难，但答案却如此简单，以致粗木匠的办法人人皆知。这种小聪明在日常生活中也是很有用的。

附：答案

1. 少了6号选手。

2. 左边那个男人是间谍，因为他宁愿自己淋着雨，也要把伞让和他一起的女人多遮些，免得她打湿了。

3. 只要猜天平往放蜡烛的那一头倾斜就可白拿走蜡烛了。因为蜡烛一熔，重量减轻，天平一斜，球就滚到地上去了，放蜡烛的那一头就会倾斜下去。

4. 这是一幅假画，因为正午的太阳下的猫眼睛是眯着的。

5. 店员偷吃的那一粒花生米是被虫蛀了的。

6. 小浩比小洁多3支枪。

7. 没有。冲冲是个盲孩，读的是盲文书。

8. 只有一个人到阿拉镇，他就是“我”。没有到阿拉镇的东西和人却有2402。其算式如下：7（猫）×7（小猫）×7（袋）×7（妻子）+（酋长）=2402。

9. 化学中的催化剂是帮助起化学反应的东西，它自己不参加反应。香烟灰里含有锂，锂是一种很轻的金属，它就是催化剂，能帮助糖燃烧，可是香烟灰本身并不能燃烧。如果你还不信，可以取一小堆香烟灰，用火柴点点看，它一定燃不起来。

10. 金发女郎是作案者的同谋，电话机的听筒被她做了手脚。她趁斯科特去卫生间淋浴之机，悄悄地和歹徒接通了电话。然后，用打火机把听筒支起来。这样，对方就可以通过电话来录音了。不知道的人乍一看，好像电话机挂断了，实际上是电话机的两个按键并没有压下，所以处于通话状态。他俩做爱时发出的声音，便通过听筒传到了另一头，被录了下来。做爱完毕，金发女郎趁斯科特不注意，从电话机上取下打火机听筒便落回原来的位置，歹徒随之打来了威胁的电话。

11. 凶手 *4* 小时前作案的时候，正值涨潮。潮水升到了杀人现场的汀线，海岸被海水侵蚀而形成的线状痕迹在汀线上，把被害者叫过来杀死，行凶后，凶手再沿着汀线离开了现场，足迹才能因此被冲刷掉。

12. 改变脚味逃走。

逃狱犯在森林中脱下帆布鞋，并往鞋里撒尿，再继续往前跑。如此一来，足迹的味道改变，警犬也被弄糊涂了。在森林中，因为地面有落叶，不但能掩盖小便的痕迹，也不会留下足印。

为了阻止警犬追踪，以小便掩盖足迹的技巧经常被使用在侦探小说中。换句话说，这是自家制的快速除臭剂。

如果是在牧场，因为到处都是牛马的粪便，若是故意踏在粪上逃亡，即可在中途使足迹的味道改变。

据说，就算是在野外历经 *10* 日风雨的足迹，警犬也能嗅出正确的味道。

13. 凶器是袜子。

凶器是塞在男子口袋里的袜子。袜子装满沙子后，硬如棍棒，用来敲死受害的那位女子。

之后，将袜子内的沙子倒出，凶器就不见了。

14. 帐篷扎营的位置不自然。

刑警看见帐篷搭在一棵大杉树下方，断定此为他杀事件。

为什么呢？

这两人是野外生活社团的团员，如果要在宽广的草原搭帐篷，应该不会搭在大树下方。搭在大树下方，万一气候急剧变化，有遭雷直击的危险。

更何况，群马县是多雷地区。

他们是当地大学生，又是野外生活社团团员，岂有不知落雷危险的道理。

15. 合欢树一到晚上，叶子就会合起来。这就是植物的“睡眠运动”。但是，即使并非夜晚，只要手碰或雨淋，叶子还是会闭。

因此，如果是在下雨时遇害，即使血飞散，由于叶子闭合，所以不会附着于表面。血之所以沾在叶子表面，他是在骤雨之前遇害。之后就算下雨，也因叶子闭合，沾在树叶表面的血不会被冲掉。

由于尸体被发现时已经下过雨，树叶再度打开。看见飞散在叶子表面的血，宫本武藏推测被害者是在骤雨前遇害。

如果是在下过雨之后才被杀，虽然血也会喷到树叶表面，但这样一来，尸体不致湿淋淋的。

16. 偏西风的缘故。

罪行发生的当晚所下的雨含有 *4* 日前中国在塔克拉马干漠进行核爆试验的放射能成分。

鉴识人员以放射能测量器检查，却检查出尸体未含有放射能，因而轻易地拆穿了犯人的伪装。

在塔克拉马干沙漠上空含有放射能的云，随着喷射气流，大约经过 *4* 天左右，即会到达日本上空。

17. 值得注意的是旅行箱的数量。假如是真正的夫妻，那么一般都是两人合用一个旅行箱或提包。否则，两人会各自带自己的旅行箱的。

像两个人的行李混放在一个旅行箱这种打包方式，不可能是各自住在不同地方的人。所以，A 夫妇就是罪犯。

18. 女店员是同伙。

可能性有两个。一是广播内容本身有可能是联络暗号，但这种暗号只限于通知对方，而不能进行接头。所以，答案只能是一个，即女店员是同伙。这么考虑顺乎情理。

19. 在100年前，这位朋友的祖父生了一对孪生子，在孩子长大后，父亲就在不同的地点给两人个各盖了一栋景观及室内装璜一模一样的房子。

案犯利用了这两栋房子，他在巴特的酒中加了安眠药，使他熟睡，转移到另一所房中去，又特意加上那个吵架打破的酒瓶，目的是造成黑屋消失的假象，阻碍他去调查珍宝。

20. 那对年轻夫妇是罪犯，为了避开这个女学生，在伦敦集合前先打昏她，然后由妻子打扮成女学生，他们把画藏在书包中，和这些学生的行李放在一起，躲过了检查。想等火车到巴黎后，再偷出书包，所以进入洗手间恢复本来面目。女学生的帽子和鞋子又大又重因而被她扔到了窗外。

21. 犯人其实是计程车的司机。

那名女子事实上和绑票并没有任何关系她只是受司机之托，从公园把皮箱拿走而已。

计程车司机把里面的钱拿出来之后，又把空的皮箱交给那名女子，拜托她放在车站的保管箱里。当然他也给了那名女子一些钱作为酬劳。

22. 约翰说那只鹿站起来时先立起前腿，而鹿站立时总是先立起后腿的。

23. 她在采取急救措施。真实的情况是，吉米和继母一起到树林里去，吉米的肩膀被毒蛇咬了一口，他的继母在当时没有其他办法的情况下只能用嘴把毒液吸出来。

24. 他是以手穿着那女人的23公分的高跟鞋，倒立着离开现场的。即使是个脚很大的男人，只要用手的话，仍然可以穿进高跟鞋的。

25. 那小伙子刚刚吃过冰块，舌头上的味觉细胞已被麻痹，分辨不出苦味了。

26. 睡在909号室的那名女子，因为听见窗子上有声音，所以就睁开眼睛，打开窗子探头出去看。而凶手从屋顶上伸下的绳圈便正好将她的头套住，于是她就被勒死了。

27. 这个宴会是个化装舞会。所以，舞会中的人认为他是化装成囚犯的样子，才穿着囚衣，因此反而非常欢迎他。

28. 司机把林楷山勒死之后，假装他上吊自杀，然后用电毯把尸体裹好，才开车去拉朱鸿。司机外出3小时回来后，先让朱鸿稍候，迅速上了二楼，把尸体上的电毯取下来，故3小时后尸体依然是温的。可见，放在林楷山口袋中的巧克力，也同样因高热而融化。所以，朱鸿看出了司机的阴谋。

29. 那两枚旧邮票乃是价值连城的稀世珍品。那位小姐的伯父是个推理小说迷，他将他的全部财产换成了这两枚旧邮票，留给了他的侄女。

30. 窃贼就是秘书。

他使用自己房间饲养的鹦鹉盗走了装饰品，鸟类即使3楼的房间，只要窗户开着就可以自由出入。

那么，现场留下的那支火柴是怎么回事呢？

鹦鹉从窗户飞进房间时，如果鸣叫一声就会惊动家人，为了不让它叫出声，用一支火柴让它叼在嘴里飞进去，鹦鹉发现了桌子上放着闪闪发光的宝石，便丢下火柴换一颗宝石再叼回来。这只鹦鹉受过专门训练，火柴棍上的伤痕正是鹦鹉叼过的痕迹。

可是，再训练有素，鸟类也不懂宝石的价值，它不偷昂贵的宝石，而只叼走了廉价的戒指。使用鹦鹉即使在现场被发现，也会被当作鸟在淘气而放掉。这是罪犯精心策划的。

31. 财宝藏在炮弹里。

遭到“冒险号”的袭击时，穆尔船上的炮弹全部落在小岛的海滩上。

实际上，炮弹本身就是财宝，是用金块、银块制成的不爆炸的炮弹。他们在炮弹里填满了宝石代替炸药。

因此，故意放远射程，让炮弹落在海滩上。让人看上去像在惊惶失措的样子，好等事后再收回。

海盗基德对此感到奇怪。他想对手再怎么惊慌，也不至于如此偏离目标地乱放一气呀。他注意到了这种巧妙的手段。

32. 因为被射中的右脚是塑胶制的假足。假足的话，不论中多少枪都不会流血的。

33. 注意蚊子。

当天夜晚，梅琦躲在院子里，因为蚊子叮得很痒，所以不自觉地拍打蚊子。

因此，被打死的蚊子留在庭院中，也留下了梅琦的血。

被蚊子刚吸入的血液，因为血液还原性尚未破坏，所以查得出血型。

只有雌蚊会吸人及动物的血，一次的吸取量约2~5毫克左右。雄蚊只吸植物的汁，是素食者。

34. 他先用湿皮绳勒好牛仔，等太阳把牛皮绳晒干后，绳子会收缩，勒死牛仔。

35. 挡在现金运输车前面的轿车和紧随其后鸣着喇叭的客货两用车，都是抢劫现金的同伙。

那么，他们是如何从门锁完好无损的现金运输车中盗出3亿日元的呢?

首先，用轿车挡在现金运输车的前方，装作发动机熄火，以便制造作案时间。然后，抓住运输车走也走不了，退又退不得的时机，罪犯从后面客货两用车的底部出口钻出，贴着马路爬到运输车下面，再用小型电动切割机将运输车底部切开个洞盗出现金保险箱。电动切割机的声响被四周汽车的喇叭声所淹没，以致运输车上的保安人员没有察觉到。罪犯盗出现金保险箱后，又原路返回客货两用车中，然后再用对讲机通知前面轿车上的同伙。那女子收到信号后，立即发动车子逃离现场。

36. 是鸽子运来的。

囚犯萨姆每天在铁窗台上撒面包渣儿。在监狱外，其妻放出信鸽，信鸽发现面包渣儿，便向萨姆的牢房飞来。这样反复进行几次，等信鸽记住了单人牢房的位置后，其妻子在信鸽腿上绑上线锯的锉刀，然后放掉信鸽。于是，囚犯萨姆便顺利地搞到了锉刀。

鸽子可在监狱的高墙上自由飞进飞出，而监视墙上的看守是不会介意鸽子会传递线锯的。

37. B 盆栽。

A 的郁金香含苞，B 的郁金香花瓣打开。梅琦看了，就知道 B 是假花。

为什么？因为郁金香在黑夜气温下降时，花瓣便会闭合，这称为“睡眠运动”。由于光、温度或是外界的刺激，花及叶便会开或闭。

但当郁金香花开得太大，开始枯萎时，即使到了夜晚，花瓣也不会闭合。

38. 利用弓射。

只要注意到凶器武术刀没有护手，立刻就能解开谜题。

换言之，犯人以此武术刀当箭，从 *25* 公尺远的距离，以强弓发射。当然，凶徒是隐藏在被害人没注意到的地方射出此刀的。

39. 水面上不会有身影。

私人侦探说：“刺客从背后过来时，他从水面上看到了刺客的身影，这是在撒谎。”

池塘的水面是水平的，在垂钓者的下面。池畔边的人能看到映在水面上的只能是自己前方的人。只要不是用倾斜的镜子，是映不出身后的人影的。

40. 王之涣听到刘月娥说家里有条黄狗，晚上又没叫，从而断定

凶手必是她家熟人。听了刘月娥所说与凶手厮打的经过，进一步肯定凶手是个高个子，背上一定有抓痕。

41. 刑警看到鸟还在鸟笼子里，便断定为他杀。

如果是爱鸟协会会长，那么在自杀之前应将小鸟放飞，给小鸟们自由。如果自杀后长时间不被发现，小鸟们因断食断水而死掉。爱鸟家对小鸟的爱要超出常人的一倍，而将小鸟关在笼子里就自杀是不可想象的。

这个事件幸亏第二天有亲戚来及时发现，小鸟才得救了。

42. 法布尔对派出所巡查作了如下说明：

“当采集昆虫标本，在森林里穿行时，常常发现大树底下有小鸟和老鼠的骨头。抬头一看，便会发现猫头鹰在巢穴。猫头鹰抓住小鸟或老鼠是整个吞食的，并且有将不消化的骨头吐出来的习性。这就叫作压挤团媒法。”

“压挤团媒法……”

“罪犯利用这一奇特的习性，在食饵肉中夹上3枚银币，喂食了猫头鹰。猫头鹰习惯夜间外出活动，夜里吃饵，并且习惯于整吞，所以肉里夹上银币也会整吞下去的。当第二大早晨吐出不消化的银币后，再藏起来。因此，在这一切完成之后，丁巴罗再去剖猫头鹰时，银币当然无影无踪了。这真是胜过动物学家的智能犯罪。”

43. 告密者是鸟笼子里的鹦鹉。

被害人死前叫了几遍凶手的名字，是为了让在室内饲养的鹦鹉记住。所以，刑警在勘查现场时，鹦鹉反复叫着“凶手是田中”。

44. 毒是放在活兔肚子里的。

阿托品这种毒素含在茄科植物中，罪犯用有毒植物的叶子和果实喂兔，草食动物和鸟类对有毒植物有一定的免疫功能，尤其兔子免疫性能更强。一只兔子可以承受比人高出百倍的毒量。

将那只活兔作为礼品，谁也不会怀疑那么活蹦乱跳的兔子体内竟有毒。

45. M伯爵夫人趁停电之瞬间，迅速偷了珍珠项链缠到抱着的小长毛狗的身上放出室外。

因为狗毛很长，把项链缠在身上用毛盖住是不易发现的。并且是白色的毛，更看不清白色的珍珠了。

女演员米赛尔虽然搜身检查了3位女士，但其疏忽之处就在于没去检查长毛狗。

46. 久美子染上了霍乱。

从东南亚回来的洋一，是霍乱的带菌者，其尸体解剖结果，发现了霍乱菌。

正在这时，接到医院报告发现有霍乱患者，刑警马上乘救护车赶到医院，逮捕久美子，将其隔离。

久美子是吃了盗窃洋一带有钻石的奶糖而染上霍乱的。

47. 梅琦果真是乘马逃逸。

梅琦从B社长的别墅偷了马之后，快速驰乘至高原饭店，并且是抄稻田、牧场等小径。到了饭店附近，她下了马，独自进入饭店大厅会见K大学的那对教授夫妇。这也正是梅琦特意制造的不在场证明。

马被放走之后，穿越稻田、牧场，独自回到别墅的马房内。

团侦探注意到马房的门从内推不开，但从外却可以推得开，判断是马自己回到马房，因此拆穿了梅琦逃逸的技巧。这种利用马匹的技巧在罗伊·威勒的《尸体走路》中使用过。

48. 罪犯是利用了过敏性现象。

人体内有一种过敏的奇特现象。如果将某一种特定的动物分泌液注射给人，过后再有与此相同成分的物质进入体内，就会出现强烈的过敏，受刺激而死。

譬如，若注入鸭蛋的蛋清，起初不会发生任何事，但一星期后如果再注入相同的蛋清，就会当即死亡。

罪犯就是应用了这种过敏现象。该罪犯是个医生，他谎称和蜜蜂的毒素相同成分的毒是什么预防药而给被害人注射。数日后，再将一只毒蜂偷偷的放入车中，被害人在被蛰后出现过敏现象致死。

49. 大蜘蛛有个习性，即前一天夜里拉的网，第二天早晨太阳出来时再破坏掉。因此，被撕破的羽绒被子里的羽毛飞挂在大蜘蛛网上的时间一定是傍晚以后发生的事。也就是说，作案时间在夜里。

所以这个大蜘蛛网能保存到这个时间，因不能当食饵的羽毛挂在网上，这个大蜘蛛直到早晨干脆放弃不管了。根据情况，未必每天都破掉夜里的网。

借助大蜘蛛的这一稀有的习性而弄清作案时间的话题在日下圭介的短篇《早晨散去》中也出现过。

50. 减低车体的高度即可。

梅琦放掉一点轮胎的气。

如此一来，只要降低 1.5 公分，卡车就可平安无事地穿过桥下。

51. 车体本身就是黄金打造的。

由于上了涂料，所以，刑警们根本没注意到车体本身就是黄金。

纯金很软，而且有黏性，所以很容易加工成各种形状。1 公斤黄金不但能制成厚 0.0001 毫米的金箔，也能制成 3000 公尺长的铁丝。

利用此性质，也有人将金块伸展成壁纸般薄，粘在房间的内墙上。

52. 因为被害人吞了保险柜的钥匙。

凶手无论怎么怨恨，也不至于做出此等残忍之事。

吝啬的被害人唯恐钱被抢走，一口将钥匙吞到肚里，所以凶手为取出钥匙，不得已才切开他的胃。

被害人死到临头还要护钱，真是十足的守财奴。

53. 刑警看到洗澡间的烟筒上面还有积雪，便识破了那家伙的谎言。

昨晚，雪是 8 点钟停的。如果真是在那以后烧热水洗澡，烟筒会发热，上面的积雪会融化的。

54. 那是星沙。

这种沙是在竹富岛南海岸才有的特殊沙粒，主要成分是孔虫的壳，呈小星星形状，并有杂质及珊瑚碎片、石英等少量物质。

星沙是当地人取的名字，放入玻璃罐中，当小礼品贩售。

金城幸二在竹富岛的海滩杀死被害人时，被害人奋力抵抗。因此，凶手的裤子、衬衫上附着了这种沙。他说没去过竹富岛，但衣服上又附着这种特殊沙粒，证明他说词矛盾，露出破绽。

55. 星期一的晨报上决不会有《周末文艺》栏。

56. 警方发现夏某有盘录像带，正是案发当晚的晚间新闻录像带，夏在作案后，在晚餐时给朋友们放录像看。电视机和录像机不在同一间屋内。后来4个证人向警方说的时间是以看到的晚间新闻为准，并未察觉时间上的差异。

57. 制造防火地即可。

在来自北侧的野火尚未逼临岛中央之前，苏沙用呼风唤雨剑，横扫岛中央的枯草点火。

如此一来，火便被北风煽动，不断往南移动燃烧。在从北来的野火到达中央之前，岛的中央已经烧出一块秃地，形成安全地带。只要一直待在防火地，就不担心被北方来的野火烧死。

58. 堂姐和她的未婚夫为了争夺家产，谋杀了富家女。

提议杰米去别墅，是为了让他做证人，当富家女和外科医生进入别墅后，医生便杀了她，在浴室肢解了尸体，用防水布包着，放入大篮子中。因为被害人很娇小，不易发觉。事后，医生从后门出去了，堂姐进屋察看时，把门从里面锁上了。3人把尸体搬上车时，只有杰米毫不知情。

59. 这位女性的手表戴在左手。

山雷很恐怖。如果发生落雷，将手表戴在左手，因为靠近心脏，会触电而死。因此，有经验的登山老手会将手表戴在远离心脏的右手。

此外，高山日光的紫外线很强，冬季登山或是山上有残雪时，雪的反射足以使肌肤晒伤。所以，有经验的女性登山者必定会抹防晒油，而不会素着一张脸。但这位女性看起来根本什么也没擦。

从以上两点，救难队长判断此案并非单纯的意外事故。

60. 这位神秘的凶手，就是旋风。由于突然而至的旋风，把插在桌旁的太阳伞卷起，刚巧落在熟睡的黑社会头目身上，把他插死。

61. 两者均正确。

联结车的前方货车与后方附属车视为个别车辆，各有各的车号。

因此，一人看见前方货车的车牌，另一人看见后方附属车的车牌。

62. 当杜比被麻醉后就又被抬到12层高的顶楼去了，杜比自己不知道，还以为在地下室。至于那个定时炸弹是假装的，目的是促使杜比不顾一切地跳出窗外逃命。

63. 星野目击到的人就是凶手。

凶手就是圆脸的人。那么星野目击的人又是何人呢？为了消除这个疑问，让我们来做个实验。

假如你身旁有一个圆脸的人，你用一张纸，在中间弄一个长的洞，再让圆脸的人在你眼前迅速走来走去，这样你从缝隙中看到的就是细长脸而不是圆脸，这只是错觉。

星野因为是从窗户细长的缝隙中看到的，所以将圆脸的凶手错看成细长脸的人了。

64. 不能成立，因母骡不会生小骡。

65. 如果放了3天的笔，又没有合上笔帽，这么一只挥发性强的笔是写不出水的，而它仍可以书写流畅，证明笔放在此不久。

66. 小西五郎的脚是假肢。

小西五郎孩提时曾掉落陷阱，当时切掉了一只脚，装上假脚。

被两位男子推下陷阱时，正好是假肢被夹住。所以，在那两位男子往捕蜂车去的时候，小西五郎立刻拆下假肢，从陷阱中爬出来，拿出藏在草丛内的猎枪，出其不意地捕捉到犯人。

67. 侦探并没有说明丽丽伤了哪只脚，菲菲却准确地找出了右脚鞋，说明她看到丽丽受伤，她却撒谎说睡觉了，她是因为嫉妒猎人爱丽丽，而用猎枪打伤丽丽的。

68. 知道锁钥匙者只有老大、老二、老三和老同学，而老大、老三用过锁钥匙都不必抹去指纹，只有老同学怕留下指纹，所以才会抹去。

69. 使用枪支代用品。

一开始就没有手枪。事实上，用老虎钳将铅管夹住固定，将子弹塞进去，以电钻碰撞弹壳底部的雷管发射。

通常，手枪是借由对子弹雷管强力敲击而发射，但以发热的电钻尖端碰撞雷管，也会使火药爆发，子弹飞出去。

即使是铅管的枪身，也能在近距离射杀。之后，大林明夫将铅管从老虎钳上拆下来，混在其他工具当中，让人看不出来。

70. 犯人是弘前市出身的小野寺明彦。

被害人画出卍记号，并非暗示佛教或寺庙。事实上，那是弘前市的代表记号，亦即市徽。被害人从女巫口中听见卍字，于是调查卍之谜，注意到弘前市的市徽，质问弘前市出身的小野寺明彦，反被对方杀害。他在断气之前画出卍记号，暗示犯人是弘前市出身的小野寺。

解开此谜的警官经验丰富，事实上，他也是弘前市出身，所以知道该市的市徽。

71. 听不懂方言。

岛津藩和家老用鹿儿岛方言说话。

在日本的地方方言当中，以鹿儿岛方言最难懂。这位密探是江户（东京）人，根本听不懂鹿儿岛方言。就算让他听见了，也不懂话语的意思。这样根本一点意义也没有，干脆打退堂鼓。

这位密探得到的教训是，不学各种地方的方言，无法做好这份工作。

72. 他忽略了眼镜会起雾。

这位目击者提出的证词：“犯人戴着太阳眼镜。”根本是谎言。

为什么？在小雪纷飞的寒冷夜晚，戴着眼镜，一进入浴槽，眼镜片一瞬间便会起雾，形同盲目一般。因此，根本不可能一发击中被害人逃逸。

73. 罪犯是游泳的男子，他一人扮演了两个角色，为了要使他不在现场的证明成立，才特意把伞架到别人附近。

在开录音机的时候，他勒死了那个女人，然后利用录音，放出女子打招呼的声音，好像在他游泳前那女人还活着。他出海后绕到海岬，把事先准备的衣物穿戴好，打扮成情夫的样子跑到伞下，故意发出声响，造成作案状。然后再经由道路走向海岬，换下衣服游回来，假装发现尸体而惊叫。

74. 那张纸条是伪造的。卡尔这位耳朵不灵便的人也许可以从口型中判断出带疤者的话，但无法听清楚从喇叭传来的缉拿通告。

75. 凶手是从破洞处开了两枪，而蜘蛛只要几小时就能在破洞处结好网。

76. 松本用一根绳子，一头绑手枪，另一头绑上比手枪重的石头吊在桥外，他扣动扳机后，枪响人亡，石头和枪一起坠入河中。

77. 松原没有驾驶执照。

高中时丧失生活陷于贫困的松原，为了养家糊口，不得不昼夜打工，哪能有时间去驾校考执照？没注意这一点的春菜还以为“男人都会开车”，所以铤而走险。

“男人都会开车”啦，“美国人都是蓝眼睛”啦，“黑人运动神经发达”啦，诸如这类固定化的印象，叫作熟套。

78. 犯人先以麻醉药将被害者催眠，然后让他睡在救生梯上。之后就从旅馆出来，立刻上了火车。

大约一个小时后，被害者从麻醉药中醒来。由于意识仍然很模糊，所以在正想站起来时，却因脚下一滑而摔了下去。

而这时，犯人已经在快车上，所以便完成了不在场证明。

79. 凶手在箭上绑了绳子，用弓箭射出去之后，再抓住绳子，把箭从尸体上拉出来，收回。即构成这一没有凶器的杀人现场。

80. 这份遗书是伪造的。

因为他曾说，父亲是躺在床上拿着原子笔写的。但是，以原子笔而言，若是以这个方向来写，墨水则不易流出，顶多只能写五六个字而已。

不信的话，你不妨试试看。

81. 花粉有一层坚硬的外壳，即使埋在泥土中，里面的有机质已经烂掉，外壳依然存在，形成极为微小的花粉化石，称为“微体化石”。

82. 那些古人类壁画显然是伪造的。因为恐龙不可能被古人类追赶。地球上的人类在恐龙绝迹百万年之后才出现。

83. 拐骗犯就是该地区的邮局投递员。只有他才能既不引起人们的怀疑，又能确实收到受害者家属用普通邮包寄来的赎金。因为他可以百分之百地准确预测到，被害者的父亲——C公司经理到底是在哪家邮局将邮包寄出的。

84. 杀手由于戴了手套，所以决不可能在现场留下指纹的。

手上有指纹，脚指头也有指纹，叫做足纹。

然而在那张铺了牛皮的椅子上没有被害者两脚的足纹，这就是杀手的最大败笔。

因为，如果那名女子真的是用椅子来作为踏脚台的话，她在自杀之后，必定会在椅子上留下两脚的足纹才对。

85. 共犯的这位女友，在写遗书和日记账时，是同时以相同的墨水来写，这就是其最大的败笔。

这种墨水就是丹宁酸铁墨水，这种墨水的颜色会随着时间而改变。一旦接触到空气，墨水的成分就会起酸作用，和纸等物质作用后，墨水的蓝色就会逐渐消失，而略带黑色。所以警方在检查其颜色的变化时，就发现以前的日记账和刚写的遗书几乎是同时间写的。故而揭穿了伪造笔迹的真相。

墨水颜色的变化，须以特殊的药水来检验。由此，便能推测这是几天之内所写的，或是大约 4 个月内写的，或是已经过了五六年甚至更久以前的东西。

86. 月光不可能照射被告的脸。因为 11 月 18 日晚是上弦月，到了晚上 11 点钟，月亮早就下山了。

87. 警长很快识破搭乘者是劫匪的同伙，他故意留下来引开警察的追捕。如果他呆在 38℃气温中 1 个小时，那么他的巧克力早就融化了，不可能掰开一半递给警长。

88. 刑警是因为看到俯卧的尸体颈子上的死斑，而作出推论的。

因为，如果原先他就是这样子死的。那必然会在俯卧面的下侧，也就是脸部、喉咙、腹部等出现死斑才对。

再加上西本死亡的时间已经有 15 个小时，因此当其尸体被人搬动后背上的死斑就不会消失了。

89. 老人是利用了干冰的特性。他确实是用那个纸包装箱作为上吊的垫脚物的。不过，在箱子里放了一块干冰。干冰非常坚硬，可以放心地当凳子用。同时，由于气化作用，当尸体被发现时，干冰已消失得无影无踪了，而箱子是不会湿的。干冰气化过程中产生的二氧化碳，则被气扇抽到了室外。干冰是固态的二氧化碳，形似冰雪，受热不经溶化而直接气化。

90. 来人对哨兵的第一次讲话，汉语，表示听不懂，而对第三次讲话，同样是汉语，他却立即作出领会的反应，表明他不懂汉语是伪装的。

91. 事实上这个犯人是个得了健忘症的人，就是一种记性不好，很容易忘记的疾病。他在自己杀了人之后，就将这件事完全给忘了。对于这种特殊的病人，测谎机是很难发挥功效的。

92. 去德州的旅客被带走了，因为他的话违反了旅行常识，列车在停靠站时，为了保证站内卫生，厕所门一律锁着，不准使用。

93. 至少有二个人逃走。

因为那位警官所持的是旋转式手枪。虽然里面可以装6发子弹，但一般为了预防有突发事件，第一枪都是空包弹。所以，不管山田警官是多么厉害的射击高手，他也只能发射5发子弹。

而且，旋转式的手枪在装填新子弹时，必须把空的弹壳从枪膛中拿出来，这需要花一段时间。而两个没被击中的小偷就趁机开车逃走了。

94. 凶手先在老妇人的电话机上，安放一个能使电话线短路的装置。然后，他让被害人服下安眠药。等被害人入睡以后，他就打开煤气灶的开关，让煤气跑出来，他也随即离开，到那饭店里去。当他估计被害人房内已充满煤气时，就在饭店里打电话到被害人家去。这时，电话机中有电流通过，却遇到电话线是短路的。电灯停了电，电话还是可以通电。

95. 拌有毒药的菜是第四道——涂上橄榄油的柿子里放有番木鳖碱。玻利塔吃了两杯冰淇淋之后，出于口中变冷，味觉麻木，在吃柿子时，就感觉不出鳖碱的苦味。而且吃柿子是无须细嚼的，这就更难感觉出毒药的苦味了。

96. 008号是把玻璃酒杯当成放大镜偷看的文件。当圆形酒杯倒入透明液体后，就成了凸镜，可以把小物体放大。

97. 如果停电停了4天，那冰箱里的冰块早就化成水了。

98. 偷走机密的是印尼茶房。既然调查结果证实5人都没有作案，而技师又只在餐桌上提起过此事，因此案犯一定是餐厅中的人，那就是印尼茶房。那印尼茶房伪装成不懂英语的样子，其实象这样的客轮，船员进餐时，他就离开餐厅去技师的舱位了。

99. 柯道尔认为艾伦没有吃下放了药的草莓饼，所以在窃案发生时她是清醒的。如果她吃过草莓饼，她的牙齿在*15*分钟后不会那么洁白光亮，而会因吃草莓饼变蓝。

100. 如果真像她所讲的那样，歹徒是在门外朝她丈夫开枪，弹壳就不会落在房间里，也不会落在左侧。因为从自动手枪里飞出的弹壳应该落在射手的右后方几英尺处。

101. 哈利要抓第二个进他房间的男人。如果他认为这是他自己的房间，进去时是不会敲门的。之所以要敲门，是为了探知房间有人无人，无人时即可行窃。

102. 凶器是有东西的罐头盒子。腹部受到猛击的萨姆，由于剧烈的疼痛而呕吐他吐出来的都是尚未消化的菠萝。萨姆正是用菠萝罐头猛击被害者的头部，使其当场毙命的。此后，他立刻打开罐头，把里面的菠萝狼吞虎咽地全部吃光，使之成为一个空罐头盒子。

103. 原来，克娄巴特拉忽然想起，珍珠浸在醋中，它所含的碳酸铁是要溶解的。事实正是如此，王妹觊觎这颗珍珠，自己不能得到，也不让姐姐占有，便指使女佣人偷了这颗珍珠，吞下肚子里。然后建议喝醋泻腹，这既把珍珠毁掉，又使佣人不担偷盗的罪名。

104. 装有剧毒剂的小圆珠放在一把特制的雨伞里。伞内有弹簧、枪管、扳机等。扳机扣动后，小圆珠就沿枪管射出，射入人体。

105. 遗书是用没有墨水的钢笔写的。艾德的妻子为了独吞遗产，利用艾德和卡拉德斯都是盲人的缺陷耍了一个小小的诡计。那天艾德叫她去取纸和笔，她取来的笔里是没有墨水的。但钢笔虽然没有墨水，笔尖在纸上仍留下了痕迹。卡拉德斯就是用他的敏锐的手指触摸纸上凹凸的痕迹判断出遗书的内容的。

106. 凶手是遗产继承人田中一郎。

凶手是被害人的外甥。要隐瞒罪行，只要将尸体处理掉就不会留下任何证据，何况是在行至一望无际的太平洋的船上，而凶手却将尸体留在甲板上。

如若抛尸海中，尸体不会马上找到。这种情况，在法律上一般视为失踪（失踪的时效为七年）。那么，遗嘱在时限内不具有法律效力，也就是在宣布失踪人死亡之前田中一郎不能继承遗产。

所以，因赌博而债台高筑的田中一郎为了早日继承遗产，而有意将尸体留在甲板上。

107. 罪犯事先把几条金鱼冻死在冰块里，并且把这个冰块带到被害人的家乡。他作案后把冰块放到尸体旁，再把空鱼缸摔碎。

在盛夏的烈日下，不久冰块便溶化了，而当水被蒸发干的时候，久我京介发现了尸体，可金鱼还是湿的，没被晒干。

108. 因为鱼缸内养了食人鱼。

当艾特警官左手伸入鱼缸内时，数条食人鱼蜂拥而上，用凶暴的牙齿一起咬住他的手。警官不自觉地发出悲鸣，连右手的枪都掉了。趁此时机，梅琦从容逃逸。

食人鱼是南美州亚马逊河的野生食肉性鱼，性格凶暴。这种鱼不但会大群袭击渡河的牛、羊，分食其肉，甚至吃得只剩骨头和皮。

109. 这是一个比较难的逻辑推理题。这个题目难就难在不知道不合格的坏球究竟是比合格的好球轻，还是重。要解出这个题目，不仅要熟练地运用各种推理形式，而且还要有一定的机灵劲呢。

用无码天平称乒乓球的重量，每称一次会有几种结果？有三种不同的结果，即左边的重量重于、轻于或者等于右边的重量，为了做到称三次就能把这个不合格的乒乓球找出来，必须把球分成三组（各为四只球）。现在，我们为了解题的方便，把这三组乒乓球分别编号为 A 组、B 组、C 组。

首先，选任意的两组球放在天平上称。例如，我们把 A、B 两组放在天平上称。这就会出现两种情况：

第一种情况，天平两边平衡。那么，不合格的坏球必在 c 组之中。其次，从 c 组中任意取出两个球（例如 C_1、C_2）来，分别放在左右两个盘上，称第二次。这时，又可能出现两种情况：

1. 天平两边平衡。这样，坏球必在 C_3、C_4 中。这是因为，在 *12* 个乒乓球中，只有一个是不合格的坏球。只有 C_1、C_2 中有一个是坏球时，天平两边才不平衡。既然天平两边平衡了，可见，C_1、C_2 都是合格的好球。

称第三次的时候，可以从 C_3、C_4 中任意取出一个球（例如 C_3），同另一个合格的好球（例如 C_1）分别放在天平的两边，就可以推出结果。这时候可能有两种结果：如果天平两边平衡，那么，坏球必是 C4；如果天平两边不平衡，那么，坏球必是 C_3。

2. 天平两边不平衡。这样，坏球必在 C_1、C_2 中。这是因为，只有 C_1、C_2 中有一个是坏球时，天平两边才不能平衡。这是称第二次。

称第三次的时候，可以从 C_1、C_2 中任意取出一个球（例如 C_1），同另外一个合格的好球（例如 C_3），分别放在天平的两边，就可以推出结果。道理同上。

以上是第一次称之后出现第一种情况的分析。

第二种情况，第一次称过后天平两边不平衡。这说明，c 组肯定都是合格的好球，而不合格的坏球必在 A 组或 B 组之中。

我们假设：A 组（有 A_1、A_2、A_3、A_4 四球）重，B 组（有 B_1、B_2、B_3、B_4 四球）轻。这时候，需要将重盘中的 A_1 取出放在一旁，将 A_2、A_3 取出放在轻盘中，A_4 仍留在重盘中。同时，再将轻盘中的 B_1、B_4 取出放在一旁，将 B_2 取出放在重盘中，B_3 仍留在轻盘中，另取一个标准球 C_1 也放在重盘中。经过这样的交换之后，每盘中各有三个球：原来的重盘中，现在放的是 A_4、B_2、C_1，原来的轻盘中，现在放的是A_2、A_3、B_3。

这时，可以称第二次了。这次称后可能出现的是三种情况：

1. 天平两边平衡。这说明$A_4B_2C_1=A_2A_3B_3$，亦即说明，这六只是好球，这样，坏球必在盘外的A_1或B_1或B_4之中。已知A盘重于B盘。所以，A_1或是好球，或是重于好球；而B_1、B_4或是好球，或是轻于好球。

这时候，可以把B_1、B_4各放在天平的一端，称第三次。这时也可能出现三种情况：（一）如果天平两边平衡，可推知A_1是不合格的坏球，这是因为*12*只球只有一只坏球，既然B_1和B_4重量相同，可见这两只球是好球，而A_1为坏球；（二）B_1比B_4轻，则B_1是坏球；（三）B_4比B_1轻，则B_4是坏球，这是因为B_1和B_4或是好球，或是轻于好球，所以第三次称实则是在两个轻球中比一比哪一个更轻，更轻的必是坏球。

2. 放着A_4、B_2、C_1的盘子（原来放A组）比放A_2、A_3、B_3的盘子（原来放B组）重。在这种情况下，则坏球必在未经交换的A_4或B_3之中。这是因为已交换的B_2、A_2、A_3个球并未影响轻重，可见这三只球都是好球。

以上说明A_4或B_3这其中有一个是坏球。这时候，只需要取A_4或B_3同标准球C_1比较就行了。例如，取A_4放在天平的一端，取C_1放在天平的另一端。这时称第三次。如果天平两边平衡，那么B_3是坏球；如果天平不平，那么A_4就是坏球（这时A_4重于C_1）。

3. 放A_4、B_2、C_1的盘子（原来放A组）比放在A_2、A_3、B_3的盘子（原来放B组）轻。在这种情况下，坏球必在刚才交换过的A_2、A_3、B_2三球之中。这是因为，如果A_2、A_3、B_2都是好球，那么坏球必在A_4或B_3之中，如果A_4或B_3是坏球，那么放A_4、B_2、C_1的盘子一定重于放A_2、A_3、B_3的盘子，现在的情况恰好相反，所以，并不是A_2、A_3、B_2都是好球。

以上说明A_2、A_3、B_2中有一个是坏球。这时候，只需将A_2同A_3相比，称第三次，即推出哪一个是坏球。把A_2和A_3各放在天平的一端称第三次，可能出现三种情况：（一）天平两边乎衡，这可推知B_2是坏球；（二）A_2重于A_3，可推知A_2是坏球；（三）A_3重于A_2，可推知A_3是坏球。

根据称第一次之后，出现的A组与B组轻重不同的情况，我们刚才假设A组重于B组，并作了以上的分析，说明在这种情况下如何推论哪一个球是坏球。如果我们现在假定出现的情况是A组轻于B组，这又该如何推论？请你们试着自己推论一下。

110.“我猜不到。”这句话里包含了一条重要的信息。

如果P先生头上是1，5先生当然知道自己头上就是2。5先生第一次说“猜不到”，就等于告诉P先生，你头上的数不是1。

这时，如果S先生头上是2，P先生当然知道自己头上应当是3，可是，P先生说“猜不到”，就等于说：S先生，你头上不是2。

第二次S先生又说猜不到，就等于说：P先生头上不是3，如果是这样，我头上一定是4，我就能猜到了。

P先生又说猜不到，说明S先生头上不是4。S先生又说猜不到，说明P先生头上不是5。P先生又说猜不到，说明S先生头上不是6。

S先生为什么这时猜到了呢？原来P先生头上是7。S先生想：我头上既然不是6，他头上是7，我头上当然是8啦！

P先生于是也明白了：他能从自己头上不是6就能猜到是8，当然是因为我头上是7！

实际上，即使两人头上写的是100和101，只要让两人对面反复交流信息，反复说“猜不到”，最后也总能猜到的。

这类问题，还有一个使人迷惑的地方：一开始，当P先生看到对方头上是8时，就肯定知道自己头上不会是1，2，3，4，5，6；而S先生也会知道自己头上不会是1，2，3，4，5。这么说，两人的前几句“猜不到”，互通信息，肯定是没用的了。可是说它没用又不对，因为少了一句，最后便要猜错。

111. 对于聪明的S先生来说，在什么条件下，才会说“我不知道这只螺丝的规格?”显然，这只螺丝不可能是$M_{12}\times 30$、$M\ 14\times 40$、$M_{18}\times 40$。因为这三种直径的螺丝都只有一只，如果这只螺丝是$M_{12}\times 30$，或$M_{14}\times 40$，或$M_{18}\times 40$，那么聪明而且知道螺丝直径的S先生就会立刻说自己知道了。

同样的道理，对于聪明的P先生来说，在什么条件下，才会说“我也不知道这只螺丝的规格”？显然，这只螺丝不可能是$M_8\times 10$、$M_8\times 20$、$M_{10}\times 25$、$M_{10}\times 35$、$M_{16}\times 45$。因为这五种长度规格的螺丝各只有一只。

这样，我们可以从*11*只螺丝中排除了*8*只，留下的是三种可能性：$M_{10}\times 30$、$M_{16}\times 30$、$M_{16}\times 40$。

下面，可以根据S先生所说的“现在我知道这只螺丝的规格了”这句话来推理。用推理形式来表示：如果这只螺丝是$M_{16}\times 30$或$M_{16}\times 40$，那么仅仅知道螺丝直径的S先生是不能断定这只螺丝的规格的，然而，S先生知道这只螺丝的规格了，所以，这只螺丝一定是$M_{10}\times 30$。

112. 可以这样渡河

1. 一名牧师和一个野蛮人过河；

2. 留下野蛮人，牧师返回；

3. 两个野蛮人过河；

4. 一个野蛮人返回；

5. 两名牧师过河；

6. 一名牧师和一个野蛮人返回；

7. 两名牧师过河；

8. 一个野蛮人返回；

9. 两个野蛮人过河；

10. 一个野蛮人返回；

11. 两个野蛮人过河。

这里关键的一步是第6步，许多人不能解决此题，就是没有想到这一步。

113. 一个大灯球下缀两个小灯球当是鸡，一个大灯球下缀四个小灯球当是兔。

$(360\times4-1200)\div(4-2)=240\div2=120$（一大二小灯的盏数）

$360-120=240$（一大四小灯的盏数）

114. 假如四次的名次分别为：

1. A、B、C、D；
2. B、C、D、A；
3. C、D、A、B；
4. D、A、B、C。

在1、3、4次A比B快，在1、2、4次B比C快，在1、2、3次C比D快，而在2、3、4次D就比A快。

115. 因为按B的相反意见去办，其正确率可达70%。

B的判断只有30%正确，自然70%就是不正确的了。在两者选一的条件下，违背他说的意见去办，就可以有70%的正确性。而A的判断只有60%是正确的，相比之下，正确率当然要小了。

对某种判断，如果从反面去推究，往往会得出意想不到的结果。

116. 每人一半，各拿50卢比。因为不论每个人干活速度如何，庄园主早就决定他们两人“各包一半”。因此他们二人的耕地、播种面积都是一样的，工钱当然也应各拿一半。

117. 如图所示，按下列方法将正方形分为4块再拼成正方形，每行、每列及每条对角线上的和都是34。

1	11	6	16
8	14	3	9
15	5	12	2
10	4	13	7

118. 由索维尔克小旅店“泰巴”快乐的东家提出的难题，比其他朝圣者的难题更通俗。

“我看，我的殷勤的老爷们，”他扬声说，“太妙啦，我的小小诡计把你们的头脑弄糊涂了。要在这两个盅子里都斟上一品脱酒，不许用其他任何容器帮助，这对我来说是毫不困难的。”

于是，泰巴旅店的老板开始向朝圣者们解释，怎样完成这最初认为简直不能解决的问题。他立刻把两个盅子都斟满，然后将龙头开着让桶里剩下的啤酒都流到地板上（对于这种做法，同伴们坚决提出抗议。但机智的老板说，他确切知道原来桶内的啤酒量比八品脱多不了多少。请注意，流尽的啤酒量不影响本题的解）。他再把龙头关上；并将三品脱盅子内的酒全部倒回桶中，接着把大盅子的酒往小盅子倒掉三品脱，并把这三品脱酒倒回桶中，他又把大盅剩下的两品脱酒倒往小盅，把桶里的酒注满大盅（五品脱），这样，桶里只剩一品脱。他再把大盅的酒注满小盅（只能倒出一品脱），让同伴们喝完小盅里的酒，然后从大盅往小盅倒三品脱，大盅里剩下一品脱，又喝完小盅的酒，最后把桶里剩的一品脱酒注入小盅内。这样朝圣者们怀着极大的惊讶与赞叹之情，发现在每个盅子里现在都是一品脱啤酒。

119. 木匠说，他做一个箱子，内部的尺寸精确得与最初的方木相同，即是 $3\times1\times1$。然后，他把已雕刻好的木柱放入箱内，而在空档处塞满干沙土。然后，他细心地振动箱子，使得箱内沙土填实并与箱口齐平。然后，木匠轻轻取出木柱，不带出任何沙粒，再把箱内的沙土捣平，量出其深度便能证明，木柱能占的空间恰为 2 立方英尺。这就是说，木匠砍削掉一立方英尺的木材。